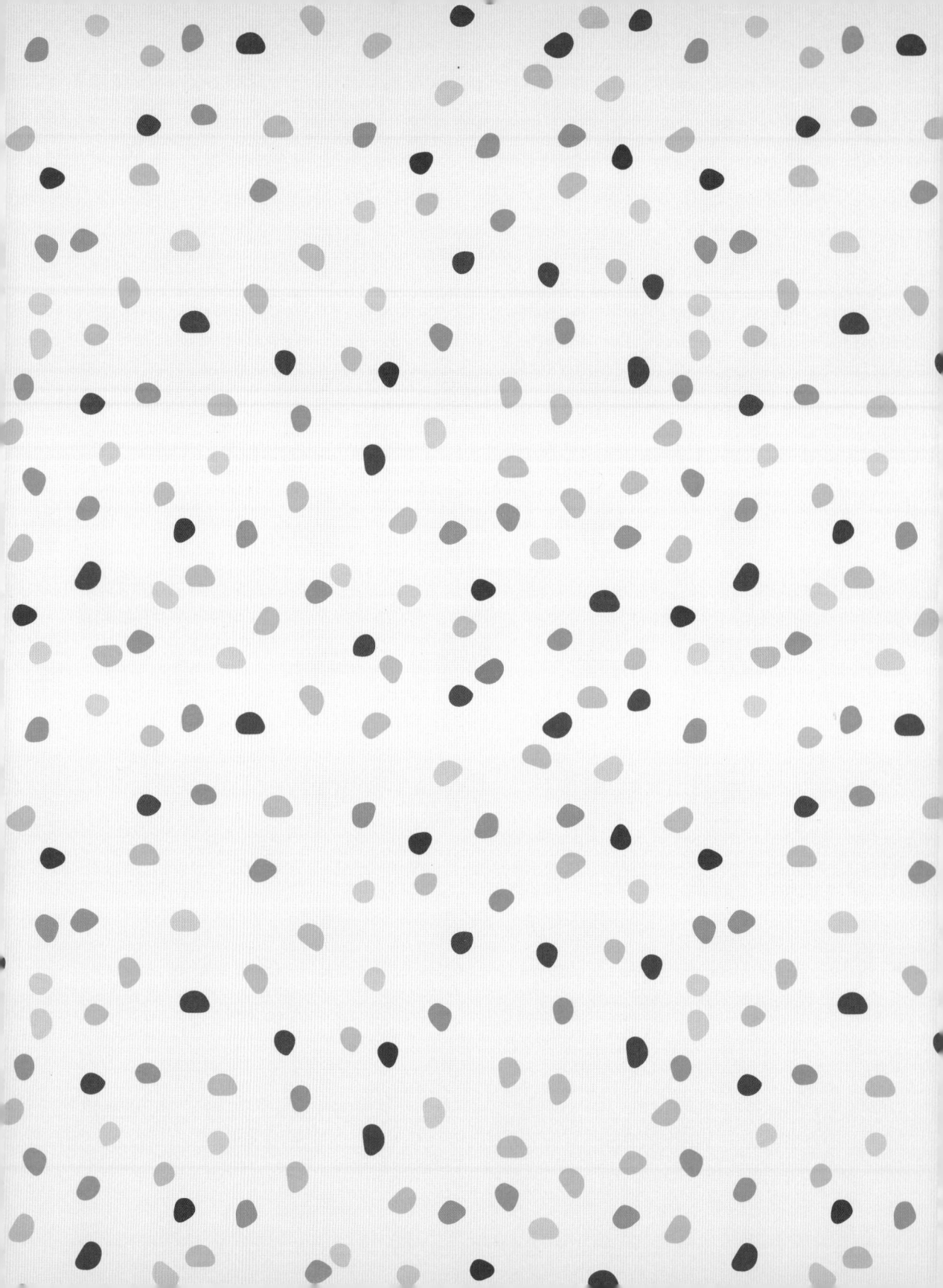

고양이 키우기 가이드북

내 집사가
왜 줄 고양?

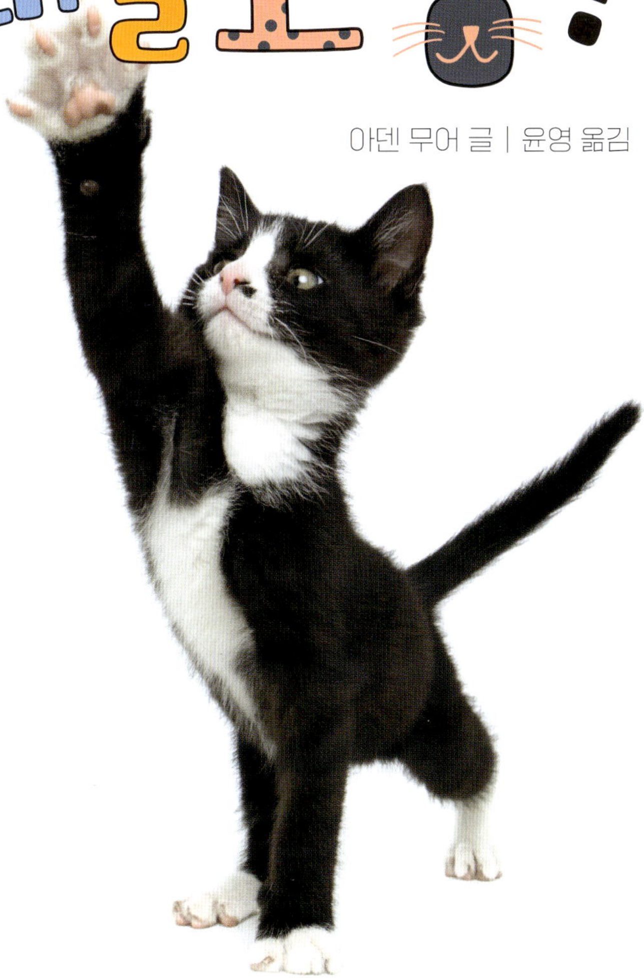

아덴 무어 글 | 윤영 옮김

지금까지 살면서 만난
모든 고양이들에게 이 영광을 돌립니다.
고양이들 덕분에 소중한 인생 교훈을 많이 배웠어요.

이 책을 함께 쓴 집필 동반자, 나의 당당한 오렌지 태비,
안전 요원 고양이로 알려진 케이시에게
특별한 감사를 전합니다.

동물을 사랑하는 나의 가족, 특히 줄리, 케빈,
캐런, 뎁, 질에게도 큰 박수를 보냅니다.

차례

안녕, 친구들! 6

 **1 나의 친구, 나의 고양이** 8

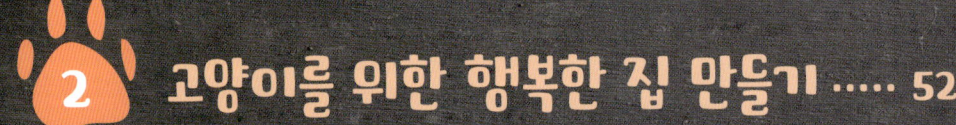 **2 고양이를 위한 행복한 집 만들기** 52

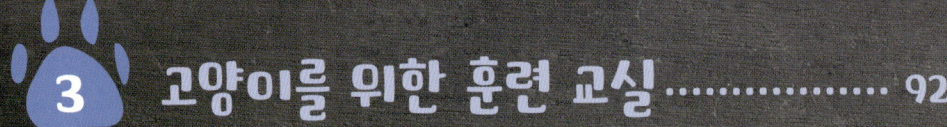 **3 고양이를 위한 훈련 교실** 92

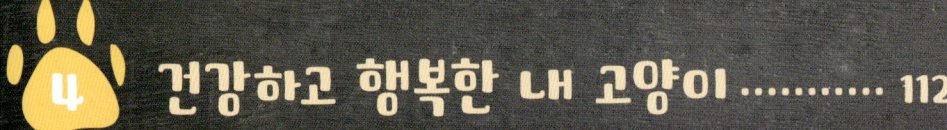 **4 건강하고 행복한 내 고양이** 112

용어 해설 140

안녕, 친구들!

고양이는 멋져요. 그건 여러분도 알고 나도 알아요. 그리고 고양이들도 확실히 알고 있는 것 같아요!

난 여덟 살부터 운 좋게도 언제나 한두 마리 고양이와 함께 생활했어요. 어릴 적 키웠던 코키는 친근하고 모험심 많은 샴고양이였죠. 인디애나주 크라운 포인트에 살던 나는 집 뒤편 호수에 낚시를 하러 다녔는데, 그때마다 코키가 꼭 따라다녔어요. 코키는 내가 잡은 블루길이란 생선을 무척 좋아했죠. 또 개 두 마리와 함께 작은 호수 한가운데에 있는 뗏목까지 헤엄도 즐겼어요. 우리가 뗏목까지 쫓아가서 코키를 다시 물에 넣어 주면 코키는 또 호숫가까지 신나게 물장구를 쳐 왔어요. 기다란 꼬리를 방향타처럼 이용해서 말이죠. 물에서 나온 코키는 젖은 발을 하나씩 턴 다음 햇볕이 내리쬐는 곳에서 그루밍을 했답니다.

코키를 시작으로, 사만다, 머피, 캘리, 리틀 가이 두드, 제키, 미키, 모트라는 이름의 고양이를 키웠고 지금은 케이시와 함께하고 있어요. 고양이들은 하나같이 성격이 모두

달랐고, 다들 내 삶을 한층 더 빛나게 해 주었죠. 아마 여러분이 키우는 고양이도 마찬가지일 거예요.

　세상 모든 고양이들은 안전한 환경에서 새로운 걸 배우고, 좋아하는 사람(바로 여러분!)과 시간을 보낼 자격이 있어요. 이제부터 케이시와 내가 고양이랑 절친이 되기 위해 필요한 것들을 알려 줄게요. 이제 막 아기 고양이를 키우게 되었든, 오래 전부터 고양이와 함께 살고 있든 상관없어요.

　새로운 지식과 재미있는 활동을 향해 출발~!

케이시를 소개합니다!

앞으로 여러분의 가이드가 되어 줄, 안전 요원 고양이 케이시예요. 케이시는 재미있고 자신감 넘치는 주황색 얼룩무늬 고양이예요. 샌디에이고 동물 보호소에서 4개월 되었을 때 입양되었죠. 이 늘씬하고 호리호리한 가르랑쟁이는 만나는 사람마다, 아니 고양이와 개까지 모두 자기편으로 만들죠!
케이시는 새로운 걸 배우는 것도 좋아해요. '이리 와', '앉아', '일어나'는 물론 발로 악수하기, 천천히 360도 돌기 등의 재주를 익혔어요. 반려동물용 유모차에 위풍당당 앉아서, 혹은 가슴줄을 한 채로 산책도 잘해요. 필요하면 카우보이모자도 쓰고 나비넥타이도 매고 다닌답니다. 케이시는 새로운 곳을 탐험하는 데도 열심이에요. 우린 반려동물 응급 처치와 행동 교정 강의를 하기 위해 미국 곳곳을 함께 여행했어요. 가깝게는 동물 보호소 캠프에 아이들을 만나러 가기도 하고, 공인된 치료용 고양이로서 요양원을 방문하기도 합니다. 이 책 곳곳에 등장하는 케이시의 조언을 잘 들어 보세요. 케이시는 좋은 정보를 많이 알고 있거든요!

나의 친구, 나의 고양이

처음으로 고양이를 입양하려 하나요?
아니면 이미 집에서 키우고 있는 고양이에 대해 더 알고 싶나요?
아무튼 이것만은 확실해요. 고양이와 함께하는 삶은 장점이 많다는 것,
그리고 중요한 삶의 교훈을 준다는 것.

고양이가 있으면 어떤 점이 좋으냐고요? 일단 고양이는 여러분의
최고 베프가 될 수 있어요. 무릎 위에서 가르랑거리며 무슨 말이든
참을성 있게 들어 주죠. 힘든 하루를 보냈을 땐 위로를 해 주고,
감기에 걸려 침대에 누워 있을 땐 옆에 꼭 붙어 있답니다.

'웃음이 최고의 명약이다'라는 말, 들어 본 적 있나요? 고양이를 보면 웃음이 절로 나와요. 집 안을 우다다 뛰어다닐 때도, 빈 상자 안에서 놀고 있을 때도, 또 수도꼭지에서 물이 똑똑 떨어지길 기다리며 하염없이 욕조에 앉아 있을 때도요. 여러분을 즐겁게 해 주고 웃겨 주는 고양이와 함께라면 슬프고 외로울 틈이 없어요.

고양이는 중요한 능력, 바로 인내심을 가르쳐 줘요. 고양이는 혼자 있기를 좋아하고 약간의 수줍음도 있어요. 그래서 아기 고양이가 같이 놀 준비를 할 때까지 기다림이 필요해요. 천천히 다가가서 차분한 목소리로 말해 보세요. 그러면 고양이도 놀라 방에서 뛰쳐나가지 않고 여러분과 시간을 보내고 싶어 할 거예요. 고양이의 감정과 욕구에 집중하다 보면 다른 사람들을 배려하는 법까지 익힐 수 있어요.

고양이가 책임감도 가르쳐 줄 거예요. 왜냐고요? 여러분의 고양이 친구는, 여러분이 먹이를 줄 거라고, 털을 빗겨 줄 거라고, 같이 놀아 줄 거라고, 그리고 당연히 화장실도 깨끗하게 치워 줄 거라고 믿고 있거든요.

고양이를 키우면 건강에 좋은 세 가지

* 고양이는 스트레스와 불안을 줄여 줘요. 중요한 시험이 있어 긴장되나요? 그럼 가르랑거리는 네 다리 친구를 만나 보세요. 고양이를 쓰다듬으면 마음을 진정시키는 뇌 화학물질이 분비되고, 혈압은 낮아지며, 심장 박동은 늦어져요. 정말 좋죠?

* 에취! 알레르기 질환도 덜 겪게 돼요. 어릴 때부터 고양이를 키우거나 고양이를 만날 기회가 많았던 아이들은 집먼지진드기나 돼지풀, 잔디 등으로 인한 알레르기 질환이 생길 가능성이 더 적대요.

* 고양이들이 가르랑거리는 소리는 세상에서 가장 편안하고 위로가 돼요. 관절을 다친 사람에게도 그 소리가 도움이 된다고 해요.

> 넌 내 등을 긁어도 된다냥. 허락하겠다옹.

케이시의 한마디

완벽한 가르랑이다냥!

난 만족스러울 때 가르랑거리는 걸 좋아해. 내가 재밌는 거 하나 알려 줄까? 푸마 같은 덩치 큰 고양이들도 가르랑거릴 줄 알아. 하지만 사자 같은 애들은 으르렁만 할 줄 알지 가르랑은 못해. 또 우리 고양이들은 숨을 들이쉬고 내쉬면서 쉬지 않고 가르랑 소리를 낼 줄 알아. 너희들도 절대 못할 걸!

으르렁은 하지만 가르랑은 못함

가르랑

가르랑

고양이는 고양이

여러분이 고양이에게 줄 수 있는 최고의 선물은 고양이를 어린아이나 웃기게 생긴 개처럼 취급하지 않는 거예요. 고양이는 사람이나 개와는 다르게 생각하고, 행동하고, 반응해요. 개와 고양이의 큰 차이점 5가지를 소개할게요.

1. 고양이는 고독한 사냥꾼이에요. 사회적 동물이긴 하지만 자신의 만족감을 위해 다른 동물이나 사람을 필요로 하진 않아요. 반면 개는 무리 지어 사냥하고 누군가와 함께 할 때 더 행복해해요.

2. 고양이는 새벽이나 해질녘에 더 활동적이지만, 개들은 낮에 더 활동적이에요.

3. 아무리 살가운 고양이라 해도 여러분이 외출할 때 따라나서려 하지 않아요. 반면 개들은 좋아하는 사람이 있는 곳이라면 어디든 가고 싶어 해요.

4. 고양이들은 화장실이 어디 있는지 가르쳐 주기만 하면(그리고 그곳을 깨끗하게 관리만 해 준다면) 본능적으로 화장실 사용법을 알아요. 하지만 개들은 똥오줌 가리는 기술을 익힐 때까지 고양이보다는 좀 더 사람의 도움이 필요하죠.

5. 고양이들은 굉장히 다양한 소리(연구에 따르면 100가지 이상의 소리)를 낼 수 있어요. 반면 개들은 20가지 정도의 제한된 소리를 내죠. 대신 개들은 표정이 훨씬 다양하답니다.

용맹한 비눗방울 사냥꾼, 리키

고양이는 군림하지만 개는 침이나 흘린다

고상하고 쿨하며
양초처럼 집을 환하게 밝히고
이야기도 잘 들어 주는 고양이

멍청한 얼굴로 침을 흘리며
멍하니 시키는 대로 하지만
이야기 걸고 싶은 멍멍이

초간단 고양이 역사

고양이는 오랫동안 사람과 특별한 관계를 맺어 왔어요. 또 무척 참을성이 있고 주변 상황이 어떻게 돌아가는지 관찰하는 데도 일가견이 있어요. 그래서일까요? 개가 길들여져 사람들의 동반자가 된 지 만 년이 지나고 나서 고양이도 사람과 함께 살게 되었어요. 맨 처음 사람 곁에 고양이가 등장한 건 9천 년 전 이집트였고, 사람들은 고양이를 신으로 숭배했어요. 하지만 중세 유럽 사람들은 고양이가 마법이나 미신과 연관되어 있다고 믿었기에, 수천 마리의 고양이를 죽이기도 했어요.

하지만 다행히 고양이들은 인간의 따뜻한 품으로 다시 돌아올 수 있었어요. 가장 큰 이유는 곡물이나 식료품을 보관하는 곳이라면 어디든 고양이가 필요했기 때문이에요. 고양이가 있어야 쥐 같은 설치류의 접근을 막을 수 있었거든요. 세계를 여행하는 배에서도 고양이는 중요한 선원 역할을 했어요. 고양이가 없었더라면 쥐들이 선원들의 음식을 다 훔쳐 먹었을 거예요. 오늘날 고양이는 가장 인기 많고 사랑받는 반려동물 중 하나예요. 실제로 미국에서 고양이를 키우는 가정은 8천 6백만 가구로 개를 키우는 7천 8백만 가구보다 더 많답니다. 고양이는 이제 인간들의 친한 친구가 되었어요.

고대 이집트 사람들은 고양이 신 바스테트가 파라오를 보호해 준다고 믿었어요.

중세 시대부터 고양이들은 마법이나 미신과 관련 있다고 여겨졌어요.

한국어로는 고양이!

세계 어딜 가나 아이들과 고양이는 친구랍니다.
다른 나라 말로는 '고양이'를 어떻게 말하는지 알아봐요.

히브리어
cha'tool (하툴)

이탈리아어
gatto (가토)

프랑스어
chat (샤)

러시아어
koshka (코슈카)

체로키어
wesa (웨이사)

하와이어
popoki (포포키)

스페인어
gato (가토)

아랍어
qetta (쿠타)

독일어
katze (카츠)

태국/베트남어
meo (메오)

안녕, 만나서 반가워!

비록 고양이가 지난 9천여 년의 긴 세월 동안 사람들과 함께 살아왔다고는 해도, 많은 고양이들이 누군가를 처음 만날 땐 신중하고 약간 경계도 해요. 멍멍이들처럼 좋아라 달려들고, 첫 만남부터 여러분을 친구로 받아들일 고양이는 없어요.

보호소나 친구 집에서 고양이와 성공적인 첫 만남을 가지려면, 꼭 기억해야 할 규칙이 있어요. 바로 고양이가 먼저 다가오게 하는 것! 여러분이 아무리 붙임성이 좋더라도 먼저 나서지 말고 꾹 참으세요. 고양이들은 성격에 상관없이 자기들만의 방식으로 사람들에게 다가간답니다. 즉 억지로 시키면 아무것도 통하지 않아요. 과한 동작은 안 돼요. 시끄러운 목소리도 안 돼요. 노려보는 것도 안 돼요. 이 중 한 가지 행동이라도 하면 고양이는 냅다 도망쳐 어딘가에 숨어 버릴 거예요.

천천히 신중하게

고양이가 호기심은 보이는 것 같지만 여전히 도도한 태도를 보인다면, 간식이나 장난감으로 꾀어 보세요.

기다려야 한다는 신호

새로운 고양이를 만나면 먼저 고양이의 몸짓 언어에 관심을 기울이세요. 어떤 고양이들은 만져 주거나 관심 가지는 걸 별로 즐기지 않을 수도 있거든요. 겁에 질린 고양이의 경우, 발은 몸 가까이에 붙이고 머리는 낮춰서 몸을 더 작아 보이게 만들어요. 이때 다가가면 등을 둥글게 말고 귀를 바짝 붙이겠죠. 이건 겁을 먹었다는 신호이기 때문에 곧 도망치거나 여러분을 찰싹 때릴 수도 있어요. 이런 신호를 무시하고 가까이 다가가면, 저리 가라는 경고의 뜻으로 하악질을 하기도 해요.
그러나 고양이가 부드러운 눈빛으로 귀와 꼬리를 쫑긋 세우고 편안한 자세를 하고 있다면, 함께 있는 게 편안하다는 뜻이랍니다.

낯선 사람, 위험하다냥!

간식을 멀찌감치 한두 개 던지면 고양이가 잡힐까 봐 걱정하지 않고 간식을 먹을 수 있어요. 아니면 조그만 장난감을 던져 보세요. 물론 장난감 갖고 노는 건 좋아하지만 누가 쓰다듬는 건 여전히 싫은 고양이도 있을 거예요.

고양이들은 성격과 사회성이 제각각이에요. 과감하게 새로운 사람을 받아들이고 친구 만들기를 좋아하는 고양이도 있지만, 대부분은 친해지기까지 오랜 시간이 걸려요. 조금 거리를 둔 채 고양이가 먼저 다가올 수 있게 기다려 주세요. 그러면 믿음을 바탕으로 우정의 씨앗을 싹틔울 수 있을 거예요.

케이시의 한마디

눈을 부드럽게 '깜빡' 하라냥

내가 숨겨 둔 비법 하나를 알려 줄게. 고양이에게 "안녕!"하고 인사하는 방법은 천천히 눈을 깜빡 하는 거야. 그리고 조용히 고양이의 반응을 기다려 봐. 고양이도 마음을 열었다면 똑같이 눈을 깜빡여 줄 거야. 어쩌면 가르랑거릴 수도 있어. 내가 좋아하는 사람들에게 이런 모습을 보여 주면 가끔 간식도 주던걸! 아이, 좋아~ 냥냥!

이 사람은… 괜찮은 것 같기도….

처음 만난 고양이와 인사하려면

1 **손은 가만히 두고 천천히 그리고 얌전히 움직이세요.** 말투로 이야기하고 고양이를 똑바로 쳐다보지 말아요. 겁 많은 고양이 입장에선 똑바로 쳐다보는 것조차 위협으로 느껴질 수 있거든요. 아예 고양이가 없는 척 행동하는 게 좋아요.

2 **앉아서 고양이가 다가오게 하세요.** 고양이는 원래 호기심이 많아요. 그러니 직접 여러분을 살펴볼 수 있게 기회를 주세요. 침착하게 천천히 숨을 쉬면서 놀래킬 생각이 없다는 걸 보여 주세요. 고양이는 여러분의 감정 상태를 알아채고 여러분이 행복한지, 슬픈지, 긴장했는지, 화가 났는지 다 느낄 수 있어요.

3 **고양이가 다가와도 계속 눈을 피해요.** 아마 한 발 앞으로 왔다가도 겁을 먹고 두 발 물러날 수도 있어요. 그러니 참을성 있게 기다려요.

4 **고양이가 여러분을 탐색할 시간을 주세요.** 고양이가 여러분의 다리에 코를 갖다 댈 수도, 신발 냄새를 맡을 수도, 과감하게 몸을 부빌 수도 있어요. 그러면 여러분은 가만히 앉아서 침착하게 호흡을 하세요. 고양이를 힐끗 쳐다봐도 되지만 곧바로 천천히 시선을 피하는 게 좋아요.

5 **고양이 머리 쪽에 검지를 내밀어요.** 세상의 모든 고양잇과 동물들에게 이 동작은 악수와 마찬가지예요. 손가락에 자기 뺨을 문질러도 된다는 뜻으로 받아들이죠. 고양이는 손 냄새를 맡은 뒤, 자기 머리를 움직여서 손끝이 뺨을 스쳐 지나가게 만들 거예요. 아니면 머리를 숙여서 손끝에 머리를 댈 수도 있어요.

6 **손가락으로 고양이 등을 부드럽게 쓰다듬어요.** 고양이가 좋아하면 손 전체를 이용해 머리부터 꼬리까지 쓰다듬어요. 귀를 만지거나 턱을 긁어 줘도 좋을지 잘 관찰해 보세요. 고양이의 반응을 살피면서 언제라도 쓰다듬는 걸 멈출 수 있어야 해요.

고양이처럼 생각하기

포식자와 먹이 고양이가 포식자라는 건 모두 알 거예요. 포식자란 자기보다 작은 동물들을 사냥해서 잡아먹는다는 뜻이죠. 그런데 고양이 역시 누군가의 먹이가 될 수 있어요. 고양이는 사나운 사냥꾼이기도 하지만, 매처럼 더 큰 포식자에게는 먹이가 될 수도 있으니 긴장을 늦추면 안 돼요.

그렇게 차갑지 않아요. 고양이는 쌀쌀맞고 무리와 잘 어울리지 않는다는 평판이 있어요. 하지만 대부분 편한 사람들과 함께 있는 걸 즐기고 다른 동물들과도 한 집에서 잘 살아요. 개보다 독립적이고 혼자 있는 걸 개의치 않는 편이죠. 그렇다고 집에 혼자 남겨 두고 휴가를 가 버려도 좋다는 건 아니에요.

케이시의 한마디

좋아하는 게 확실하다냥

사람들은 우리 고양이가 지나치게 까다롭다고들 하지만, 난 그 말에 동의하지 않아. 아무거나 먹는 개들보다 먹을 걸 더 조심스럽게 고르는 것뿐이지. 아마 고양이의 맛봉오리가 473개밖에 안 돼서(개는 1700개) 그럴 수도 있어. 그래서 우린 맛이 풍부한 음식을 좋아해. 생선처럼 냄새가 강렬한 것 말야. 냠냠!

하품하며 늘어져 있기 고양이도 장난을 치거나 어슬렁거리며 다니는 걸 좋아하지만 놀이에 많은 에너지를 쏟지는 않아요. 고양이는 어린아이처럼 자는 걸 좋아하고 깨우면 싫어하죠. 대부분의 고양이들은 하루에 16시간에서 18시간 잠을 자요.

놀라는 건 싫어. 고양이는 규칙대로 생활하는 걸 좋아하는 동물이에요. 언제 무슨 일이 있을지 예측하죠. 시계를 볼 줄 아는 것도 아니면서 신기하게 밥 먹는 시간, 여러분이 학교에서 돌아오는 시간을 알고 기다리고 있답니다.

아함! 오늘은 겨우 15시간밖에 못 잤다옹.

고양이 말 알아듣기

고양이들끼리는 주로 소리 없이 몸짓으로 대화를 하죠. 하지만 고양이는 알고 있어요. 사람과 대화를 할 때는 더 큰 목소리를 내야 한다는 걸요. 고양이들끼리는 분명하게 눈에 보이는 몸짓 언어도 사람들은 잘 알아보지 못한다는 걸 깨달은 거예요. 그래서 사람들과 의사소통할 때만 사용할 수 있도록 각기 다른 의미로 다양하게 소리 내는 법을 깨우쳤어요. 정말 똑똑하죠?

직설적인 스타일 고양이는 결코 아닌 척하거나 속이지 않아요. 위협을 느끼거나 화가 나면, 바로 하악질을 하거나 으르렁거리거나 도망갈 곳을 찾지요. 반대로 기분이 좋으면 가르랑거리거나 부드러운 목소리로 야옹거려요. 그리고 '간식'이나 '밥' 같은 중요한 단어는 물론, '탁자에서 내려가!' 같은 명령도 다 알아듣는다니까요. 고양이들이 평소 하는 말과 그 의미를 알아봐요.

삐이 목구멍에서 나오는 듣기 좋은 높은 소리로, 고양이가 마치 질문하는 것 같아요. 좋아하는 사람에게 하는 경우 "네가 여기 있어서 좋아." 혹은 "오, 여기 있었네!" 같은 의미랍니다.

미아 높은 목소리로 즐겁게 내는 이 소리는 자기가 원하는 걸 빨리 해 달라는 뜻이에요. "밥그릇 채워 줘요."나 "턱 긁어 줘." 같은 뜻이죠.

미오우 이 길게 끄는 다급한 소리는 무언가 필요할 때, 혹은 기분이 나쁠 때 내요. 여러분이 밥 주는 걸 까먹었다거나 산책 나가고 싶을 때 이렇게 울죠.

미오오우!

네가 제일 좋다냥.

그르릉그르릉~ 목구멍에서 나오는 골골 소리는 만족스러울 때 내요. 어미 고양이가 새끼들을 보살필 때도 이런 소리를 내는데, 이 소리가 새끼들을 편안하게 달래 주거든요. 하지만 무서울 때 이런 소리를 내기도 해요. 동물 병원에서 그런 소리를 냈다면 바로 그런 의미죠.

카카칵 창밖으로 새나 다람쥐를 발견했을 때 칵칵 소리를 낼 때가 있어요. '채터링'이라고 하는 이 소리는 먹이를 발견해서 기쁘지만, 잡을 순 없어서 당황스러운 기분을 표현하는 거랍니다. 고양이가 이 소리를 낼 때는 건드리지 마세요. 이때 놀래키면 갑자기 물거나 때릴 수 있어요.

하악 화가 나서 내는 이 소리는 해석하기 쉬워요. 뒤로 물러나라는 뜻이죠. 몹시 화가 났거나 겁에 질린 고양이도 짧게 성난 소리를 내뱉을 수 있어요.

으르르 화난 고양이가 다른 고양이에게 이런 소리를 냈을 때, 어느 한쪽이 양보하거나 물러서지 않으면 싸움이 일어날 수도 있어요. 자기가 좋아하는 장난감을 지킬 때 또는 쓰다듬거나 들어 올려지는 게 싫다는 걸 표현할 때도 낮게 으르렁거릴 수 있죠. 이 경고의 목소리에 귀 기울이지 않으면 고양이가 발톱을 드러낼지도 몰라요.

케이시의 한마디

박치기 꿍!

난 상대가 정말로 마음에 들면 머리를 숙이고 그 사람 이마에 꿍 박치기를 해! 특별한 사람에게 깊은 애정을 표현하는 고양이만의 방법이지. 상대에게 우리 냄새를 묻히는 것 역시 그 사람이 우리 마음속 깊이 들어와 있다는 표시야. 보통은 몸을 문지르면서 가르릉가르릉 소리를 내.

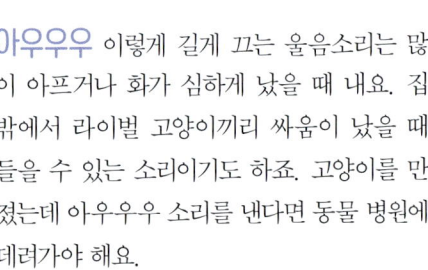

까불지 말고 가던 길 가라옹.

아우우우 이렇게 길게 끄는 울음소리는 많이 아프거나 화가 심하게 났을 때 내요. 집 밖에서 라이벌 고양이끼리 싸움이 났을 때 들을 수 있는 소리이기도 하죠. 고양이를 만졌는데 아우우우 소리를 낸다면 동물 병원에 데려가야 해요.

1 진실 혹은 거짓

고양이는 완전히 캄캄한 곳에서도 앞을 볼 수 있다.

2 진실 혹은 거짓

고양이들은 모두 파란 눈을 가지고 태어난다.

3 진실 혹은 거짓

고양이는 만족스러울 때만 가르랑거린다.

4 진실 혹은 거짓

'수영하는 고양이'라는 별명을 가진 품종이 있다.

정답은 138쪽에서 확인하세요.

내 기분을 알아맞혀 봐

여러분과 마찬가지로 고양이들도 행복, 슬픔, 무서움, 분노 등 다양한 기분을 표현해요. 하지만 그걸 알아내는 건 쉽지 않죠. 그러니 우리 모두 탐정이 되어 단서를 쏙쏙 찾아봐요.

긴장한 채 귀를 머리에 붙였다?
거기에다 피부를 움찔거리면서 불쾌한 듯 으르렁거리거나 울부짖는다면, 다른 고양이나 짓궂은 개 때문에 위협을 느꼈다는 뜻이에요. 또는 부상이나 병 때문에 고통스러워서 그럴 수도 있어요. 이럴 때는 고양이를 만지거나 안지 말고, 아파 보이면 부모님께 알려요.

가르랑거리며 다리에 몸을 비빈다?
여러분의 애정을 구하는 편안하고 행복한 고양이의 모습이에요. 따뜻한 눈빛으로 윙크를 하거나 무릎 위로 폴짝 뛰어 올라올 수도 있어요.

편안하게 철퍼덕 드러눕는다?
여러분이 옆에 있어서 안심한 고양이가 관심을 얻으려고 하는 행동이에요. 머리와 귀를 쓰다듬어 주어 신뢰를 쌓으세요. 고양이에 따라 배 만지는 걸 싫어하는 경우가 있으니 배는 만지지 말고요.

눈이 커진 채 우다다 뛰어다닌다?
열심히 놀고 있는 고양이입니다. 억눌린 에너지를 발산하고 머리를 쓸 방법을 찾고 있는 거죠. 이때는 장난감 쥐를 던져 주거나 깃털을 흔들어 재밌게 놀아 주면 더 좋겠죠?

내 거다냥!
내놔라,
내 장난감!

내 귀와 꼬리를 잘 봐!

고양이는 귀와 꼬리의 움직임으로 자신의 기분을
전달하는 경우가 많답니다.

사람을 잘 따르는 상냥한 고양이는 귀를 편하게 세우고 있어요. 좋아하는 사람을 맞이할 땐 꼬리도 들어 올리고요.

궁금한 게 생긴 고양이는 귀를 앞으로 쫑긋 세우고 꼬리 끝을 움찔거리기도 해요.

겁먹은 고양이는 귀를 옆으로 착 붙이고 꼬리를 커 보이게 부풀려요.

화가 나거나 위협을 느낀 고양이는 귀를 뒤로 고정하고 꼬리를 앞뒤로 휘둘러요.

고양이 몸 구석구석

발톱 평소엔 숨기고 있다가 먹잇감을 잡거나 어딘가에 기어오를 때 꺼내요. 앞발엔 한쪽에 5개, 뒷발엔 한쪽에 4개, 총 18개의 발톱이 있어요.

털 단모, 중모, 장모로 나뉘고 그 색깔과 무늬는 아주 다양해요. 털은 매우 추운 날씨로부터 고양이를 보호하기 위한 용도랍니다.

유연한 척추 달리기, 뛰어오르기, 뛰어넘기, 착지하기 등을 도와줘요.

꼬리 달리거나 높은 곳에 오를 때, 수영을 할 때 방향을 조종하는 역할을 해요. 기분을 표현하는 역할도 하죠.

인기 품종 고양이

고양이에 비해 개의 품종이 3배 정도 다양해요. 개는 특정한 일을 시키기 위해 수 세기 전부터 품종 개량을 했기 때문이에요. 대부분의 고양이는 특정한 품종이 없지만, 외모를 위해 개량된 품종들이 꽤 있어요.

메인쿤 이 거대한 고양이는 체중이 18kg까지 나가요. 하지만 덩치와는 달리 귀여운 목소리를 낸답니다. 메인쿤은 성격이 무척 온순하며 사람, 다른 고양이, 심지어 개와도 잘 지내요.

메인쿤은 발 털이 풍성하고 긴 꼬리도 복슬복슬해요. 그리고 귀 끝에 장식털이 달려 있죠.

페르시안 얼굴은 납작하고, 둥근 눈은 표정이 풍부하며, 긴 털을 늘어뜨리고 있어요. 1871년 런던의 캣 쇼에서 처음 선보인 후 북미에서 가장 인기 있는 고양이 품종 중 하나로 자리 잡았답니다.

페르시안은 귀엽고 똑똑하며 말이 많지 않은 편이에요.

아비시니안 밀림에 살 것만 같은 아비시니안은 아몬드 모양의 초록색 혹은 금색 눈을 갖고 있어요. 털이 부드러운 토끼털 같아서 '토끼 고양이'라는 별명도 있죠. 이 똑똑하고 활발한 고양이는 많은 관심을 원하고, 규칙적으로 같이 놀아 줘야 나쁜 장난을 치지 않아요.

사람들에게 둘러싸여 있는 건 좋아하지만 그렇다고 무릎에 올라와 앉는 스타일은 아니에요.

샴 세모난 머리에 커다란 푸른 눈을 가진 샴은 몸이 늘씬하고 길어요. 애교가 많고 모험을 좋아하는 이 고양이는 수다스러운 데다 가끔 사람 아기 같은 소리를 내죠.

랙돌 1960년대 캘리포니아에서 탄생한 비교적 새로운 품종이에요. 사람을 좋아하고 들어 올렸을 때 몸에 힘을 쭉 빼곤 하죠. 수컷은 9kg까지 나가기도 하는 이 커다란 품종은 아이들과 함께 있어도 얌전하고 차분한 걸로 유명해요.

스핑크스 털이 없는 스핑크스는 큰 눈, 큰 귀, 주름진 피부, 길고 뾰족한 꼬리 때문에 외계인처럼 보이기도 해요. 이 고양이는 장난을 좋아하고 따뜻한 이불 속에 파고드는 걸 즐긴답니다.

턱시도 고양이 대부분 검은색인데 가슴, 얼굴, 발만 하얘요. 흰 부위가 많고 적음에 따라 모습이 아주 다양하지만, 하나같이 멋진 파티에 가려고 턱시도를 차려입은 것 같아요. 간혹 나비넥타이를 매거나 콧수염을 기른 것 같은 무늬가 있을 때도 있어요. 친근하고 여유로운 성격이 장점이에요.

턱시도

오렌지 태비 우리나라에서 흔히 '치즈 태비'라고 불리는 이 고양이는 옅은 연분홍색부터 진한 주황색까지 다양해요. 거기에 줄무늬, 소용돌이무늬, 점무늬 등이 더해져 있죠. '태비'는 '얼룩무늬 고양이'란 뜻이에요. 갈색이나 회색 태비도 있는데 거의 모든 태비의 이마에는 M자 모양 무늬가 있어요. 오렌지 태비는 거의 수컷이에요. 물론 예외도 있지만 오렌지 태비는 대개 착하고, 똑똑하며, 새로운 모험을 찾아 어슬렁거려요.

케이시의 한마디

오렌지 태비가 세상을 지배한다냥!

오렌지 태비는 완전 상냥하고 행복한 고양이로 유명하다냥. 내가 그걸 증명하러 여기 왔지! 난 낯을 가리지 않는 자랑스러운 오렌지 태비거든. 새로운 장소, 새로운 장난, 새 친구를 사귀는 거 언제든 대환영이야. 우리 집에 있는 멍멍이 패거리들이랑도 잘 지낸다고. 그 애들이 날 존경하니까 뭐, 당연히 그래야 하지 않겠냥?

오렌지 태비

아기 고양이, 어른 고양이, 어느 쪽을 입양할까?

아기 고양이, 성묘, 아니면 노령묘 어느 쪽을 입양해야 할까요? 한두 마리 혹은 그 이상의 고양이를 키우고 있다면 이미 이런 고민을 해 봤겠죠. 한 마리를 더 키울 생각인지, 처음으로 반려묘를 들일 계획인지는 모르겠지만, 어느 고양이를 선택하든 각각 장단점이 있어요. 가족들과 결정을 내리기 전에 다음과 같은 점들을 주의 깊게 고민해 보세요. 어쨌든 여러분들과 앞으로 오래 함께할 친구니까요.

아기 고양이(1세 이하) 아기 고양이는 사랑스럽고 말도 못하게 귀엽죠. 하지만 아직 아기이기 때문에 착한 고양이가 되기 위해서는 배울 게 많다는 점을 잊어선 안 돼요. 아기 고양이는 에너지와 호기심이 넘치고 처음 1년 동안은 다루기가 꽤 힘들어요. 그리고 첫 생일을 맞을 때쯤 거의 어른 고양이가 돼요. 여러분은 사회화와 훈련을 통해 고양

아기 고양이는 사랑스럽지만 장난이 심해요.

이의 성장과 성격 형성에 큰 역할을 할 거예요. 하지만 몇몇 특성은 타고나는 거라 바꿀 수 없답니다. 보통 부끄럼 많고 조용한 아기 고양이는 커서도 부끄럼 많고 조용한 성격을 지녀요.

성묘(1~12세) 이 나이대의 어른 고양이는 성격과 호불호가 분명해요. 일반적으로 전성기의 어른 고양이는 아기 고양이보다는 얌전하지만 여전히 많이 놀아 줘야 하죠. 나이가 든 고양이는 부산스럽고 바쁜 가정 분위기도 잘 받아들이고 개와 사이좋게 지내는 법도 터득하곤 해요.

노령묘(12세 이상) 20세 이상 사는 고양이도 있으니 노령묘를 입양하더라도 함께할 수 있는 시간은 많아요. 나이가 많은 고양이는 새로운 집에 적응도 잘하고 새 가족을 맞을 기회가 다시 생긴 것에 행복해한답니다. 물론 관절염 같은 건강 문제를 겪을 수 있지만, 여전히 장난감을 쫓아다니거나 캣닢 쥐돌이와 장난치며 즐거워해요.

어떤 고양이를 선택하든 우선 동물 병원에 가서 검사를 받아야 해요. 아기 고양이는 첫해에 예방 주사도 여러 대 맞아야 하고, 중성화 수술도 받아야 하죠. 나이 든 고양이도 꼭 맞아야 할 주사가 있고, 이빨을 포함해 전반적인 건강 검진이 필요해요.

성묘는 아기 고양이보다 얌전하지만 여전히 놀기를 좋아해요.

여러분의 고양이는 몇 살?

고양이 나이는 가늠하기 어려워요. 개와는 달리 나이가 들어도 코와 주둥이가 회색으로 변하지 않거든요. 수의사는 고양이의 한 살을 사람의 열다섯 살로 계산해요. 여러분의 고양이가 첫 생일을 맞았다면, 사람 나이로는 15살쯤 된다는 뜻이에요. 다음을 기준으로 여러분의 고양이가 사람으로 치면 몇 살쯤 되는지 비교해 보세요.

● 고양이 나이

● 사람 나이

고양이	=	사람		고양이	=	사람
1	=	15		8	=	48
2	=	24		9	=	52
3	=	28		10	=	56
4	=	32		11	=	60
5	=	36		12	=	64
6	=	40		13	=	68
7	=	44		14	=	72

2개월

15 = 76   19 = 92
16 = 80   20 = 96
17 = 84
18 = 88

7개월

2살

초간단 숨숨집

고양이들은 동그랗게 몸을 말고 숨을 수 있는 아늑한 공간을 아주 좋아해요.
만들기도 쉬운 숨숨집을 고양이에게 선물하세요.

**고양이에게 딱 맞는 크기의 두꺼운 종이 상자
(늘어나서 안 입는 아빠의) 낡은 티셔츠**

1 상자 위쪽 날개를 잘라 내거나 안으로 밀어 넣어 구멍을 만들어요.

2 구멍에 목 부분이 오도록 상자에 티셔츠를 씌워요.

3 소매는 안쪽으로 밀어 넣고, 티셔츠 아래쪽은 묶어요.(필요하면 끈을 이용하세요.)

4 조그만 쿠션이나 접은 수건을 넣어 아늑한 공간으로 꾸며 주세요.

아마 고양이가 안 들어가고 못 배길걸요!

나만의 독특한 고양이 궁전

출입구와 층이 여러 개 있는 공간을 만들어 주면 고양이가 숨거나 놀기 좋아요. 여러분의 상상력을 펼쳐 보세요.

크기가 다른 상자 여러 개
가위나 문구용 칼
풀이나 테이프
천 조각, 구슬, 고양이 장난감,
그 외 갖고 놀 재미있는 물건들
스크래칭 기둥(선택 사항)

상자 하나로도 만들 수 있지만 고양이들은 여러 층으로 된 공간에서 노는 걸 훨씬 좋아해요. 상자를 어떻게 결합하면 좋을지 생각한 다음, 각 상자에 구멍을 몇 개씩 뚫어 주세요. 몇 개는 고양이가 드나들 수 있을 정도로 크게, 몇 개는 발만 넣을 수 있을 정도로 작게요.

상자들을 잘 연결시킨 다음, 천 조각이나 장난감으로 여러분의 창의력을 살려 장식해 보세요. 화려하게 꾸며도 좋고, 스크래칭 기둥을 붙여도 좋아요.(저건 긴 통에 마대자루 같은 걸 감아서 만든 거랍니다.)

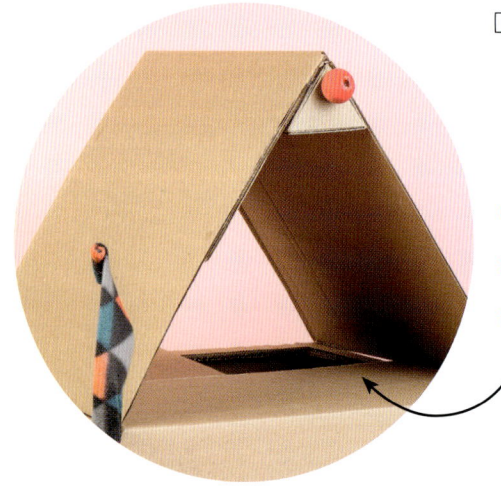

다락방을 만들어 고양이가 지붕으로도 드나들 수 있게 해 보세요!

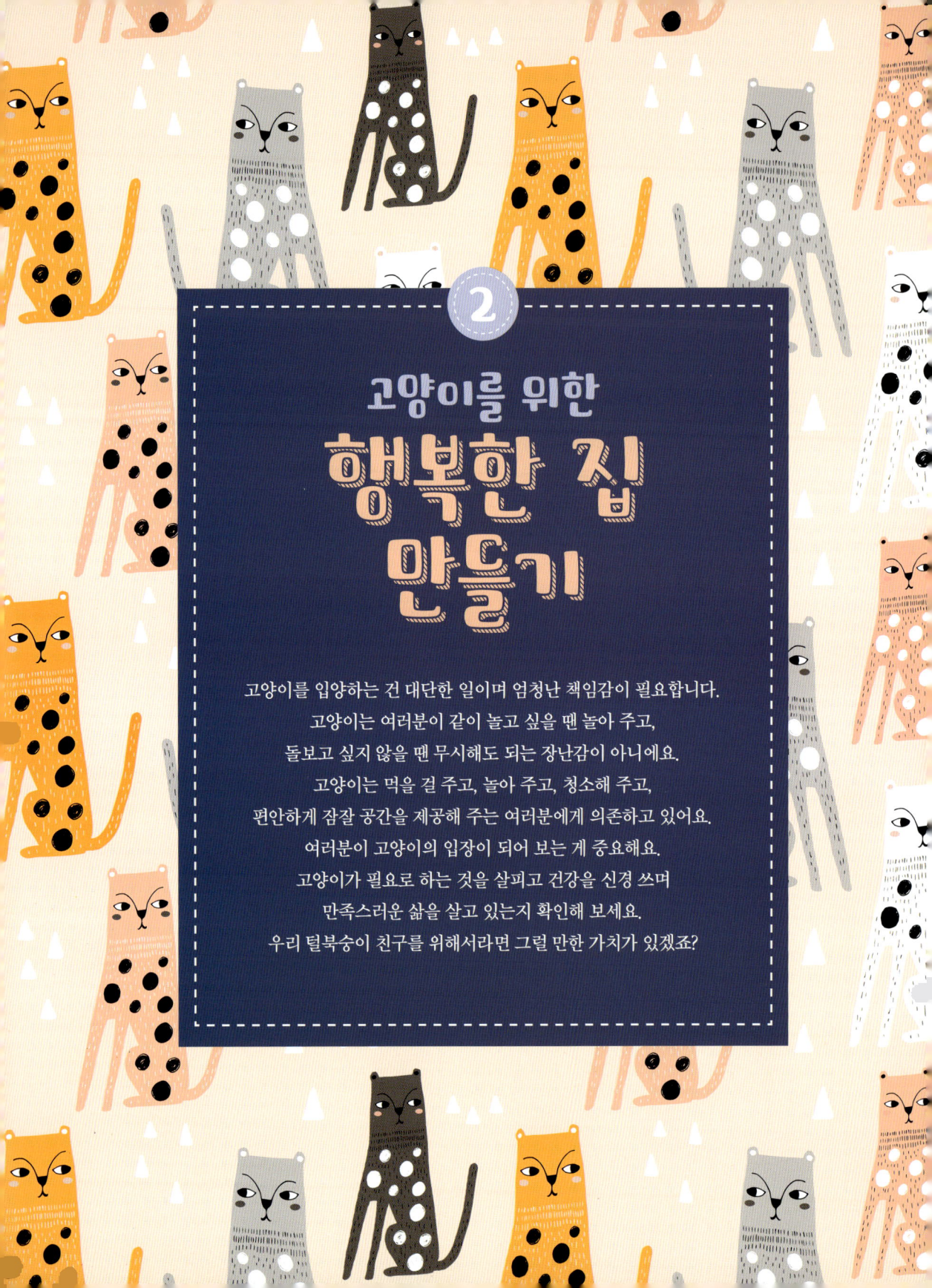

2. 고양이를 위한 행복한 집 만들기

고양이를 입양하는 건 대단한 일이며 엄청난 책임감이 필요합니다.
고양이는 여러분이 같이 놀고 싶을 땐 놀아 주고,
돌보고 싶지 않을 땐 무시해도 되는 장난감이 아니에요.
고양이는 먹을 걸 주고, 놀아 주고, 청소해 주고,
편안하게 잠잘 공간을 제공해 주는 여러분에게 의존하고 있어요.
여러분이 고양이의 입장이 되어 보는 게 중요해요.
고양이가 필요로 하는 것을 살피고 건강을 신경 쓰며
만족스러운 삶을 살고 있는지 확인해 보세요.
우리 털북숭이 친구를 위해서라면 그럴 만한 가치가 있겠죠?

고양이, 어디서 키울까?

모든 가족이 고양이에 대한 중요한 결정을 내려야 해요. 철저하게 집 안에서만 키울 것인가? 아니면 고양이가 원할 때나 관리가 가능할 때 외출을 허용할 것인가? 이 문제는 생각해야 할 점들이 많아요. 예를 들어 성묘의 경우, 입양 전 고양이의 상황이나 고양이의 의사에 따라 달라져요. 고양이가 활동적이고 만족스러운 삶을 살면서도 건강하고 안전한 게 가장 중요하니까요. 54쪽 '집 안 vs 집 밖, 어느 쪽이 좋을까?'에서 장단점을 확인해 보세요.

최선의 해결책이 뭐냐고요? 음… 나라면, 최대한 집 안에서 지내게 하면서 멋진 고양이 가구를 몇 가지 들이는 것, 그리고 집사와 함께 안전하게 외출을 즐기는 거예요.

안녕, 예쁜이!

집냥이를 위한 준비물

집 안에서 생활하는 고양이들은 자신만의 공간이 필요해요. 안전함을 느낄 수 있고, 낮잠도 자고, 운동도 할 수 있는 공간을 마련해 주는 건 어렵지 않답니다.

경치가 좋은 창가에 앉을 곳을 만들어 주세요. 밖에서 일어나는 일들을 다 관찰할 수 있게요. 보이는 곳에 새 모이통을 놔두면 고양이 입장에선 자신만의 TV 채널이 생긴 거나 마찬가지랍니다.

캣트리나 캣타워를 준비하세요. 높은 곳에 앉아 있을 수도 있고, 스크래칭을 하거나, 낮잠을 자거나, 매달려 있는 장난감을 때릴 수도 있죠.

숨을 곳을 마련해 주세요. 낮잠을 자거나 (특히 에너지 넘치는 개를 같이 키울 경우) 과한 관심에서 벗어나고 싶을 때 쏙 숨어들 곳이 필요해요. 사도 되지만 단단한 종이 상자로 만들어 주는 것도 좋아요.(48쪽 참조)

바닥에서 천장까지 기둥을 설치하고 두꺼운 면 끈이나 마 끈을 감아 주세요. 실내에서 나무 오르내리기 기술을 연마할 수 있어요.

벽 높은 곳에 고양이 통로를 설치하면 고양이들이 좋아하는 각도에서 방을 이리저리 돌아다닐 수 있어요. 선반 같은 걸로 고양이 통로를 설치한다면 아마 부모님도 허락하실 거예요. 고양이들이 편하게 걸어 다니려면 선반 폭이 대략 60cm는 되어야 해요.

나 여기 있는 거 아직 모르겠지?

케이시의 한마디

나, 신분증 있는 냥이다냥!

물론 난 집 안에서 사는 고양이야. 하지만 혹시 누군가 현관문 닫는 걸 깜빡했을 때 내가 호기심을 못 이기고 나갈 수도 있지 않겠어? 집사 아덴은 내 안전에 워낙 깐깐해. 그래서 동물 병원에서 내 몸에 마이크로칩을 심었지. 목덜미 뒤쪽에 쌀알만 한 칩을 주사하는 거라 아프지도 않고 금방 끝났어. 칩에는 수의사와 아덴의 연락처가 들어 있지. 아덴은 내 이름과 자기 휴대폰 번호가 수놓아진 밝은 주황색 목걸이도 샀어. 보기에도 멋진 데다 사람들이 모두 내 이름을 알아 준다고!

캣트리는 고양이들의 정글짐이나 마찬가지예요!

안전한 바깥 구경

여러분 집에 난간 있는 테라스나 방충망이 설치된 베란다가 없다면, 야외용 고양이장을 설치해 보세요. 그러면 가족들이 밖에서 놀거나 정원을 가꾸는 동안 고양이도 바깥 구경을 할 수 있죠. 온·오프라인 가게에 커다란 개 철창이나 닭장을 다양하게 팔고 있으니 쉽게 구할 수 있어요. 집에서 이 고양이장으로 고양이를 이동시킬 때는 갑자기 도망치지 못하게 하네스를 꼭 채우고, 밖에서도 늘 지켜봐야 해요.

'냥테라스'도 있으면 좋겠죠. 집에 난 창문이나 다른 출입구로 고양이가 드나들 수 있는 공간을 만들어 집 바깥에 부착하는 거예요. 고양이들은 이곳에서 일광욕을 할 수 있고, 포식자나 다른 위험 요소로부터 보호받으며 세상 구경을 할 수도 있어요. 냥테라스의 디자인은 가족의 예산이나 솜씨에 따라 달라지겠죠.

발코니가 있다면 고양이를 절대 혼자 내버려 두면 안 돼요. 함께 있더라도 반드시 하네스를 입히고 줄을 묶어야 하죠. 고양이가 갑자기 뛰어오르거나, 떨어지거나, 다치면 안 되니까요.

고양이에게 하네스를 입히는 법과 줄 맨 채 걷는 법을 연습시켜서, 뒷마당이나 동네에서 함께 산책하는 방법도 있어요.(60쪽 참조) 또 반려동물 유모차에 태우는 걸 훈련시킬 수도 있지요.(108쪽 참조)

케이시의 한마디

이동형 텐트가 최고라냥

나랑 남동생 마이키는 집냥이야. 그래서 날씨 좋은 날, 멍멍이 형제 세 마리가 밖에서 신나게 뛰어다니면 마이키랑 난 창가에 앉아서 엄청 부러워했지. 그랬더니 아덴이 그물망 창문과 지퍼 문이 달린 이동형 텐트를 선물해 줬어. 테라스에 앉아서 산들바람을 느끼고 냄새를 맡는 건 정말 행복해. 가족들과 함께 안전하게 야외 활동도 할 수 있으니까.

야옹아, 우리 산책할까?

모든 고양이가 줄을 매고 사람과 함께 산책할 수 있는 건 아니에요. 하지만 여러분의 고양이가 호기심 많고 대담하다면 산책을 시도해 볼 가치는 있어요. 아기 고양이라면 그 과정은 더 쉽고, 조금만 인내심이 있다면 놀라운 결과를 보게 될 수도 있지요. 고양이에게 잘 맞는 하네스를 입히고 줄은 D링에 연결하세요. 산책할 때는 절대 일반 목줄을 쓰면 안 돼요. 대부분의 고양이가 일반 목줄에서 탈출할 수 있거든요. 게다가 목 건강에도 안 좋답니다.

관심을 이끌어요. 고양이가 자주 볼 만한 곳, 이를테면 가장 좋아하는 낮잠 장소 옆이나 밥그릇 옆에 하네스와 줄을 두세요. 그리고 하루에 한두 번, 하네스 입히기를 시도하면서 고양이가 냄새를 맡거나 발을 갖다 대기만 해도 간식을 주며 칭찬해 주세요. 또 바닥에 줄을 끌면서 장난치는 것도 좋아요. 줄과 친해지는 방법이니까요. 고양이가 새로운 아이템에 적응할 때까지 이 과정을 반복해 주세요.

고양이가 차분하고 느긋한 편이라면 몸 위에 하네스를 얹어 놓고 간식을 주세요. 이건 하네스가 닿는 느낌에 익숙해지게 하는 거예요. 맨 처음 하네스를 입히기 전에 며칠간 이 과정을 연습해요. 입힐 때는 천천히 움

직이고 강요하지 않아요. 고양이가 몸서리치고 싶어하면 조용히 치우고 다시 몸에 얹어두는 훈련으로 돌아가요. 하네스는 편안하면서 너무 끼지 않게 조절할 수 있어야 해요. 고양이 몸과 끈 사이에 손가락 하나가 들어갈 정도면 된답니다.

고양이가 하네스를 입고 편안하게 집 안을 돌아다니게 하세요.(간식을 듬뿍 줘야겠죠?) 그다음엔 하네스에 줄을 연결한 채 스스로 끌고 다니게 하세요.(더 많은 간식이 필요하겠죠?) 며칠 후 다른 사람이 줄 끝을 잡고 있는 동안 여러분이 간식을 들고 고양이를 불러 보세요. 줄이 땅에 끌리는 느낌 대신 몸 위로 잡아당겨지는 느낌에 익숙하게 하는 과정입니다.

집 안에서 익숙해졌다면 울타리가 쳐진 뒷마당이나 뒷베란다처럼 닫혀 있는 바깥으로 나가 보세요. 처음엔 1~2분 시도하고 고양이가 바깥에 익숙해지면 점점 시간을 늘려갑니다. 개나 지나가는 자동차, 그 외 무서운 것들을 조심하세요.

인내심을 갖고! 고양이 산책은 개 산책과 달라요. 줄을 맨 채 산책하기를 받아들인 고양이 대부분은 언제 갈지, 얼마나 빨리 움직일지, 어느 방향으로 갈지 스스로 결정하는 걸 좋아해요. 고양이가 스스로 선택한 것인 만큼 냄새를 맡든 풀밭에 드러눕든 고양이 결정에 맡기세요.

모든 고양이가 줄을 맨 채 산책하지는 않을 거예요. 하지만 여러분이 그걸 시도해 볼 만큼 인내심이 있다면 즐거운 결과가 있을 거예요.

고양이를 위해 할 일 체크하기

처음 고양이를 입양하면 온 가족이 신나죠. 서로 새로운 가족과 놀아 주고 싶어 할 거예요. 하지만 해야 할 일도 많아져요. 가족 모두가 고양이를 돌볼 수 있도록 매일 해야 할 일 목록을 짜는 것이 필요해요. 이미 고양이를 키우고 있는데 아무도 고양이의 일상생활을 책임지고 보살피는 사람이 없다면 곤란하겠죠.

가능하면 가족 모두가 함께해야 해요. 냉장고나 부엌 벽처럼 모두 볼 수 있는 곳에 일주일 치, 한 달 치 체크 리스트를 붙여 놓고, 끝낸 일에는 표시를 해 두면 실수로 까먹는 일이 없겠죠? 스스로 잘했다고 칭찬도 해 주세요. 고양이 친구를 위해 여러분이 대단한 일을 하고 있는 거니까요.

케이시의 한마디

따르릉, 밥 먹을 시간이다냥!

난 따로 시계가 필요하지 않아. 특히 식사 시간은 절대 틀리지 않지. 매일 아침 6시와 저녁 5시 정각이면 난 아덴을 똑바로 쳐다보고, 깜빡 눈짓을 하면서 가르랑거려. 그리고 부엌에 있는 냉장고 옆, 바로 내 캔을 보관해 놓는 곳으로 아덴을 데리고 가.(솔직히 큰 소리로 야옹 울기도 해.) 이건 한 번도 통하지 않은 적이 없는, 나만의 비법이다냥!

식사 시간 : 사료의 양을 정확하게 지키세요. 밥을 너무 많이 줘서 나의 사랑하는 베프를 뚱뚱하게 만들고 싶진 않겠죠?

물그릇 : 고양이는 개만큼 물을 많이 마시진 않아요. 하지만 수분 섭취는 늘 필요하죠. 매일 깨끗한 물로 갈아 주세요.

화장실 : 화장실에 관한 문제는 64쪽을 확인하세요.

노는 시간 : 고양이와 1대 1로 적어도 10~15분은 놀아 줘야 해요. 새로운 재주를 연습하거나 껴안아 줘도 좋아요. 또 책을 읽어 주거나 장난감으로 같이 놀아 주세요.

체크 리스트

할일	월	화	수	목	금	토	일
🐟							
🥣							
💩							
🐭							
🖌							
🐾							

털 손질 : 고양이의 털 종류에 따라 매일, 일주일에 두세 번, 매주 빗질을 해 줘야 해요. 털이 엉키게 두면 안 된답니다. 털이 엉키면 아프기도 하고, 그루밍 솜씨에 자신만만한 고양이에게 좌절감을 줄 수 있어요.

발톱 깎기 : 한 달에 한 번쯤 발톱 길이와 상태를 점검하세요. 발볼록살을 살짝 눌러 보면 숨겨 둔 발톱이 쏙 나온답니다. 발톱 손질법에 대해 더 알고 싶으면 120쪽을 확인하세요.

고양이 화장실

화장실 청소는 가장 귀찮고 재미없는 일이라는 데 다들 동의할 거예요. 하지만 고양이는 깔끔해요. 더럽고 냄새나는 화장실을 싫어하지만, 그렇다고 여러분처럼 볼일을 보고 화장실 물을 내릴 순 없죠. 그러니 여러분이 깔끔한 청소 로봇이 되었다 생각하고 매일 고양이의 화장실을 치워 줘야 해요.

고양이 취향에 맞추기 위해 여러 종류의 화장실을 시험해 볼 필요가 있어요. 어떤 고양이는 뚜껑이 있는 걸 좋아하고, 어떤 고양이는 넓적한 쪽을 좋아하거든요. 고양이를 두 마리 이상 키운다면, 화장실을 마릿수보다 하나 더 준비하는 게 좋아요. 고양이는 영역 동물이기 때문에, 그렇게 선택권을 줘야 소파 뒤나 옷장 안을 화장실로 사용하는 참사를 막을 수 있어요. 그리고 화장실은 사생활을 보호할 수 있는 장소에 두세요.

화장실에는 모래를 5~7㎝ 정도 채우세요. 모래도 종류가 다양한데, 고양이들 중에는 모래 취향이 확실한 경우가 있어요. 향이 나거나 먼지가 많이 나는 것은 피하세요. 대부분의 고양이

내가 저기 들어가나 봐라냥.

들은 이런 모래를 싫어하기 때문에 화장실로 쓸 만한 다른 곳을 찾아 나설지도 몰라요.

매일 : 소변 덩어리와 대변을 삽으로 퍼서 밀봉할 수 있는 비닐에 넣은 뒤 쓰레기통에 버리세요. 변기에 버려도 되는 특별한 모래를 쓰는 게 아니라면, 모래는 절대 변기에 버려서는 안 돼요. 잘못하면 변기 배관 수리비로 엄청난 비용이 들 수도 있으니까요.

매달 : 화장실 모래를 완전히 비운 다음, 따뜻한 비눗물로 화장실을 닦아 주세요. 주방 세제는 괜찮지만 표백제나 감귤류 향이 나는 세제는 사용하면 안 돼요. 고양이는 그런 강한 냄새를 싫어하거든요. 깨끗이 닦은 화장실은 물기를 완전히 말린 뒤 새 모래를 부어 주세요.

필요할 때마다 : 화장실을 오래 사용하다 보면 안에 긁힌 자국도 생기게 마련인데, 그러면 이 틈에 냄새가 배고 세균이 번식할 수 있어요. 흠이 많은 화장실은 완전히 청소하는 게 불가능하니까 새로운 걸로 바꿔 주는 게 제일 좋아요.

고양이는 화장실 위치만 파악하고 나면 알아서 규칙적으로 잘 사용할 거예요.

곳곳, 조심해야 할 것들

혹시 '호기심이 고양이를 죽인다'는 말을 들어 봤나요? 고양이들은 주변을 탐색하는 걸 좋아하고 새로운 낮잠 상소나 기이 올라갈 수 있는 곳 찾는 걸 즐겨요. 그래서 고양이가 위험에 처하지 않기 위해서는 여러분이 여러 가지로 주의해야 할 것들이 있어요. 고양이는 눈 깜짝할 새에 카펫을 찢을 수도, 실 같은 걸 삼킬 수도, 열린 문으로 나가 버릴 수도 있거든요. 먼저 고양이가 어디 있는지 계속 확인하는 습관을 들이세요. 방에서 나가거나 문을 닫을 땐 고양이가 나왔는지 확인하고, 선반 문은 닫아 두는 등 고양이가 갇히지 않도록 신경 쓰세요.

부엌

* 서랍과 선반 문은 닫아 두세요.
* 요리하다가 발밑의 고양이를 못 보고 발을 헛디딜 수 있으니, 뜨거운 프라이팬이나 끓는 물이 가까이 있을 땐 고양이를 쫓아내세요.
* 빵 끈이나 고무줄같이 삼키기 쉬운 물건은 서랍에 보관하세요.
* 먹을 걸 꺼내 놓지 말아요. 사람 음식 중에는 고양이에게 치명적인 게 있거든요. (74쪽 참조)

화장실과 세탁실

* 고양이가 물을 마시거나 물장난을 할 수 없게 변기 뚜껑은 늘 닫아 놓으세요.
* 화장실에서 나오기 전엔 고양이가 남아 있지 않은지 확인하세요.
* 세탁 세제나 청소용 세제 등은 고양이가 접근하지 못하는 곳에 보관하세요.
* 세탁기와 건조기 문은 늘 닫아 놓고 사용 전에 내부를 확인하세요.

케이시의 한마디

또 막혔다냥!

고백하자면, 난 먹보 고양이야. 먹는 게 정말 정말 좋아, 심지어 내 몸에 좋지 않은 것까지 다! 난 부엌 조리대 위에 소리 없이 폴짝 뛰어 올라갈 수 있어. 하지만 아덴은 저녁 식사 후 남은 건 죄다 전자레인지 안에 숨겨 버려. 지저분한 접시나 주방 도구는 설거지하기 전까지 싱크대에 넣어 놓고 그 위를 무거운 도마로 덮어 놔. 젠장! 접시를 싹싹 핥아 먹고 싶었는데! 나도 저녁 맛 좀 보려고 했는데! 맛있는 냄새가 나던데… 쩝!

다른 방

* 창문마다 방충망이 단단하게 설치되어 있는지 확인해요. 특히 고양이가 올라앉기 좋아하는 널찍한 창틀이 있는 곳은 꼭!
* 삼킬 위험이 있는 건 모두 치워요. 장난감 조각, 퍼즐 조각, 만들기 재료, 달랑거리는 끈 등.
* 깨지기 쉽고 값비싼 물건은 아무리 호기심 많은 고양이도 쉽게 접근할 수 없는 곳에 보관하세요.
* 등받이가 뒤로 넘어가는 의자나 흔들의자에 앉기 전에 고양이가 그 밑에 자고 있진 않은지 확인하세요.

대체 누가 변기 뚜껑 올려놓은 거냥?

행복한 휴일이지만 고양이에게는?

기념 행사, 가족 모임, 그 외 특별한 일이 있을 땐 집에 사람들이 많이 모이곤 하죠. 그러면 고양이의 평범한 일상이 깨져요. 장식품은 고양이들의 호기심을 자극하고 여러모로 스트레스가 높아질 수도 있어요.

집에 특별한 행사가 있더라도 동물 병원에 달려갈 일을 만들지 않으려면 미리 몇 가지 조심해야 할 것들이 있어요.

참을 수 없는 유혹!

특별한 촛불을 밝히더라도 불꽃이나 뜨거운 촛농에 고양이가 해를 입지 않도록 배터리로 작동하는 양초를 이용하세요. 깨질 수 있는 장식은 손이 닿지 않는 곳에 두고요. 장식용 반짝이 줄은 고양이에게 너무 유혹적이고 뜯어먹으면 위험할 수 있어요.

잠시 장난감 점검 있겠습니다!

아이들과 마찬가지로 고양이들도 특별히 자주 갖고 노는 장난감이 있어요. 특히 봉제 인형에 유난히 집착하는 아이들도 있죠. 인형이 지저분해지거나 해지면 새로운 걸로 바꿔 주세요. 고양이가 봉제 인형에 구멍을 냈다면 버리고, 혹시 입에 댈 수도 있으니 솜도 깨끗이 치워 주세요.

깃털이나 끈이 달린 장난감과 낚싯대도 확인하세요. 느슨해진 건 미리 뜯어내고, 놀다가 바닥에 떨어진 조각도 잘 치워요. 깃털이나 솜털 달린 장난감을 갈기갈기 뜯어 놓았다면, 새로운 걸 만들어 주세요. (109~111쪽 참조)
딱딱한 플라스틱 장난감은 오래 사용하면 세균이 번식할 수 있으니, 깨지거나 금이 간 장난감은 쓰지 않는 게 좋아요.

참을 수 없는 귀여움!

손님이 올 때 별도의 안전한 공간을 마련해 주세요. 손님과 같이 놀고 싶어 하는 고양이도 있겠지만, 부끄럼 많은 고양이는 물러나 있는 걸 더 좋아해요. 편안한 방에다 장난감, 먹이, 물, 화장실을 넣어 주세요. 그리고 손님이 함부로 들어가지 않게 문에 주의사항을 붙여 놓으면 좋겠죠.

음식에 손대지 못하게 해요. 고양이가 음식을 훔쳐 먹으려고 한 적이 있나요? 그렇다면 고양이를 침실이나 다른 안전한 공간에 두는 편이 좋아요.(고양이가 먹으면 안 좋은 사람 음식 목록은 74쪽에 있으니 확인하세요.)

식사 시간에 대한 모든 것

고양이를 건강하게 키울 수 있는 비결은 바로 밥그릇 안에서 찾을 수 있어요. 고양이는 어쩔 수 없는 육식 동물이에요. 좋게 말해서 근육, 장기, 뼈를 튼튼하게 유지하려면 질 좋은 단백질을 섭취해야 한다는 뜻이죠. 우선 고양이 사료가 육류 부산물이 아니라 진짜 육류로 만들어졌는지 확인하세요. 포장지에 붙어 있는 성분표 맨 앞에 닭고기 부산물이나 소고기 부산물 대신 닭 또는 소라고 적혀 있어야 해요.

대부분 고양이 사료 냄새는 그리 유쾌하지 않을 수 있어요. 고양이는 다른 포유류에 비해 혀에 맛봉오리가 많지 않아서, 먹을 음식을 고를 때 후각에 의존하거든요. 여러분과 마찬가지로 고양이도 음식에 대해 좋고 싫은 게 분명하답니다. 고양이가 핥아 줄 때 보면 혀가 까끌까끌하죠? 혀에 있는 그 뾰족한 미늘이 음식의 질감과 형태를 감지하게 도와줘요.

식사 시간에 활용할 수 있는 몇 가지 사항을 소개할게요.

조금씩 나눠 줘요. 하루에 두세 번 조금씩 먹을 걸 나눠 주면 고양이가 음식을 좀 더 즐길 수 있어요. 또 한 번에 급하게 먹어서 잠시 후 토해 내는 일도 줄어들 거예요.

대강 추측하지 말고 정확하게 재요. 수의사가 고양이의 나이, 건강 상태, 활동 수준에 맞춰 정확한 하루치 식사량을 계산할 수 있게 도와줄 거예요.

간식은 적당히! 여러분이 간식 주는 걸 너무 좋아하거나 훈련할 때 간식을 이용한다면, 너무 많은 칼로리를 섭취하지 않도록 식사량을 줄이세요. 간식은 고양이의 1일 음식 섭취량의 10%를 넘지 않아야 해요.

물에 신경 써 주세요. 개와는 달리 고양이는 물을 즐겨 먹지 않아요. 그래서 탈수 증상이 올 위험도 크죠. 수분 섭취를 늘려 주고 싶을 때는 캔에 든 음식을 먹이세요. 또는 소금이 첨가되지 않은 닭고기나 소고기 국물을 사료에 두세 스푼 추가해 입맛이 당기도록 해 주세요. 물이 계속 흐르는 식수대를 고려해 보는 것도 좋아요. 고양이들은 흐르는 물을 마시거나 발로 건드리는 건 좋아하거든요.

깨끗하게 유지해요. 식사하고 나서는 바로 그릇을 씻어요. 그래야 살모넬라균이나 복통을 일으킬 수 있는 지저분한 세균 등이 끼지 않아요. 물그릇도 매일 헹궈서 새 물을 담아 주고요.

고양이들은 흐르는 물을 마시거나 발로 건드리는 걸 좋아해요.

뭐가 좋을까?
건식 사료 VS 습식 사료

고양이에게 건식 사료를 줄지, 습식 사료를 줄지, 둘을 섞어 줄지, 사람들마다 의견이 다 달라요. 또 어떤 고양이는 바삭바삭한 건식을, 또 어떤 고양이는 캔에 들어 있는 부드러운 식감의 음식을 좋아하죠. 대부분의 수의학계 영양학자들은 주성분이 탄수화물이 아니라 단백질인 고품질 음식이기만 하다면, 고양이에게 직접 선택하게 해도 된다고 해요.

건식 사료

장점	단점
같은 품질의 습식에 비해 대개 비용이 저렴해요.	영양보다는 양을 늘리기 위해 탄수화물이나 다른 혼합물을 넣는 경우가 있어요.
냉장 보관할 필요가 없고, 그릇에 남아 있어도 상하거나 마를 걱정이 없어요.	수분이 훨씬 적게 들어 있어서 적당한 수분 공급을 위해 물을 더 많이 마셔야 해요.
하루 종일 또는 밤새 집을 비울 때 많은 양을 놔둘 수 있어요.	너무 많이 주면 살찌기 쉬워요.

습식 사료

장점	단점
수분이 많이 들어 있어 수분 공급에 좋아요.	같은 품질의 건식에 비해 비용이 많이 들어요.
강한 향과 더 맛있는 질감 때문에 노령묘나 까다로운 고양이의 관심을 끌 수 있어요.	주기 전 사료는 반드시 냉장 보관해야 하고, 먹다 남은 건 버려야 해요.
약을 섞어 주기 편해요.	냄새가 더 많이 나고 더 지저분해요.

쌤 질문 있어요!

왜 어떤 고양이는 헥헥거리나요?
– 세이디, 7세 (시카고)

땀 흘리는 고양이를 본 적 있나요? 절대 없을걸요! 고양이는 사람처럼 땀을 흘리지 않거든요. 발바닥에서 약간의 땀이 날 수도 있지만, 더운 날엔 그 정도로는 체온을 내리기 힘들어요. 그래서 고양이는 헥헥거리며 뜨거운 열기를 밖으로 내보내 몸을 식혀요. 시원한 공기는 들이마시고, 따뜻한 공기는 뿜어 냄으로써 온몸에 공기를 순환시키죠. 고양이 에어컨이나 마찬가지인 셈이에요.

– 수의사 리사 리프먼 (가정 방문 수의사, 뉴욕)

사람 먹는 음식을 고양이가 먹어도 괜찮을까?

사람들이 먹는 음식에 관심을 갖는 고양이가 있어요. 왠지 고기 샌드위치나 햄에 관심을 보일 것 같지만 고양이의 음식 취향은 알 수가 없어요. 단맛을 느끼는 맛봉오리가 부족한데도 과일이나 아이스크림을 달라고 하는 아이들도 있거든요. 가끔 한 번씩은 여러분이 먹는 걸 조금 뜯어 줘도 괜찮아요. 하지만 중요한 건 '가끔 한 번씩' 그리고 '조금'이에요. 먹어도 되는 안전한 것만 주세요.

케이시의 한마디

넓적하고 평평한 그릇에 달라냥!

우리 고양이에겐 긴 수염이 자랑이다냥. 방향을 찾을 때도 수염을 이용한다냥. 하지만 깊은 그릇에 든 음식을 먹을 때는 이 수염이 막 구부러지지. 그러면 기분이 아주 별로야. 아덴은 스테인레스 스틸로 만든 넓적하고 평평한 그릇에 밥을 줘서 정말 좋아. 오래 가고 설거지하기도 편한 데다, 더욱 중요한 건! 마지막 한 조각까지 내 멋진 수염을 건드리지 않고 먹을 수 있다는 거다냥.

먹어도 괜찮은 것

* 익힌 닭고기나 생선
* 익힌 소고기(지방이나 연골 부위 제외)
* 사워크림
* 요거트
* 스크램블드에그
* 얇게 썬 사과
* 멜론
* 바나나
* 익힌 아스파라거스
* 작게 자른 치즈

먹으면 위험한 것

* 날달걀
* 햄이나 기름기 많은 고기
* 생선 초밥
* 아보카도
* 마카다미아 너트
* 초콜릿
* 양파
* 건포도
* 포도
* 커피

캣그래스 키우기

납작한 접시나 화분
화분용 영양토
캣그래스 씨앗 한 봉지
(온라인 가게에서 검색해 보세요.)

고양이들은 소화를 돕기 위해 풀을 뜯어먹는 걸 좋아해요. 조그만 화분에 캣그래스를 심어 고양이에게 실내 정원을 만들어 주세요. 꾸준히 공급해 주려면 2주에 한 번씩 계속 새로 심어야 해요.

우유와 참치에 대한 진실

대부분의 고양이에게는 사람이 먹는 우유에 들어 있는 유당을 소화시킬 때 필요한 효소가 부족해요. 그래서 우유를 먹으면 설사를 하거나 위경련이 일어날 수 있어요. 두유 같은 우유 대용품도 주면 안 돼요. 대부분 설탕이 들어가 있어 고양이 이빨에 좋지 않답니다. 어쩌다 줄 수 있는 건 약간의 요거트예요. 요거트는 우유보다 소화가 잘되고 건강한 유익균도 많이 들어 있거든요.

그러니 시리얼을 먹는 동안 고양이가 아무리 애처로운 눈빛으로 쳐다보더라도 끝까지 잘 버텨야 해요. 고양이의 건강을 위해서 시리얼 그릇을 바닥에 내려놓지도 마세요. 고양이가 남은 우유를 냥냥 먹어 버릴지도 모르니까요.

일반적으로 참치는 적당히 줘도 괜찮은 음식으로 알려져 있어요. 사료에 캔 참치 1티스푼 정도 추가해 주는 건 건강에 해가 되지 않아요. 하지만 참치라고 해서 모두 괜찮은 건 아니에요. 아무런 양념이 되지 않은 100% 참치여야 해요. 또 너무 기름질 수 있으니 건강을 위해서라면 기름 대신 물에 담겨 있는 쪽이 더 좋아요.

생선 맛이 나는 것 중에는 가다랑어 플레이크(얇게 포를 뜨거나 음식을 작게 나눈 조각)가 인기 있어요. 깃털처럼 가볍고 고양이들이 좋아하는 냄새가 나면서 살이 찌지 않거든요.

우유는 절대 안 돼요.

참치 약간은 괜찮아요.

이상한 걸 먹는 이식증

어떤 고양이들은 의도적으로 음식이 아닌 걸 씹고, 때로는 그걸 삼키기도 해요. 이런 이상한 식습관을 '이식증'이라고 불러요. 잘못하면 이렇게 먹은 것들이 몸 안의 장기를 막아서 제거 수술을 해야 할 수도 있어요. 고양이들은 왜 스웨터를 야금야금 먹고, 비닐봉지를 핥고, 신발 끈이나 고무줄을 씹는 걸까요? 이식증의 원인은 여러 가지예요.

철없는 호기심 아기 고양이의 이식증은 탐색 활동이 원인이 되기도 해요. 놀이로 음식이 아닌 무언가를 살피고 씹다가 결국 삼키기까지 하는 거죠.

영양 결핍을 채우기 위해 섬유질 함유량이 높은 사료로 바꿔야 하는 건지 수의사와 상의하세요.

유전적인 문제 때문에 샴고양이나 버마고양이 같은 동양 품종의 고양이들이 다른 품종보다 털실을 씹거나 빠는 경향이 많다고 알려져 있어요.

자극적인 향 때문에 어떤 고양이들은 비닐봉지를 핥아요. 놀랍게도 그 이유는 강력한 후각으로 봉지를 만들 때 사용하는 동물성 재료의 냄새를 맡을 수 있기 때문이래요.

여러분의 고양이가 음식이 아닌 걸 자꾸 먹는 것 같다면, 당장 부모님께 알려서 수의사에게 진료를 받게 해야 해요. 끈이나 털실, 치실 등 고양이의 입맛을 자극하는 것들은 안 보이게 치워서 고양이의 위험한 버릇을 고칠 수 있게 도와주세요. 또 집에서 키우는 식물이 씹어도 되는 것인지 확인하세요.(55쪽 참조) 안전한 대용품으로 실내에서 캣그래스를 키우거나 캣닢을 줘도 좋아요.(78쪽 참조)

아얏, 내 꼬리는 먹는 거 아니다멍!

캣닢, 완전 좋아!

고양이들 둘에 하나는 이 향기로운 허브에 완전 정신을 잃어요. 네페탈락톤이라는 오일 성분에 반응해서 땅에 구르고, 공중에 뛰어오르고, 전력 질주를 하고, 울부짖어요. 또 스크래칭 기둥에 캣닢 가루를 뿌려 놓거나 쥐돌이 장난감 안에 넣어 놓으면 냄새를 맡고서 여기저기 자기 턱을 문지르기도 해요.

* 캣닢은 다년생 식물이라 시간이 지날수록 넓게 퍼져요. 그러니 커다란 화분이나 많이 퍼져도 괜찮을 만한 공간에 심으세요.

* 좋은 토양에 심고 햇볕을 충분히 쬐어 주면 잘 자라요.

* 한여름에서 늦여름까지 꽃이 펴요. 꽃, 잎, 줄기 모두 고양이에게 안전해요. 금방 딴 캣닢 일부는 고양이에게 주고, 일부는 겨울을 위해 말려 두세요.

걸어서 말리기
꽃이 달려 있는 캣닢을 줄기째 잘라 끈으로 묶어서 꽃이 아래를 향하게 한 채 시원하고 그늘진 곳에 걸어 놓아요. 이파리가 손으로 만져서 바스러질 정도로 잘 말랐으면, 부스러뜨려서 비닐봉지나 유리병에 담아요. 시원하고 건조한 곳에 6개월까지 보관할 수 있어요.

오븐에 말리기
캣닢 줄기를 팬 위에 펼쳐요. 바삭 마를 때까지 가장 낮은 온도에 두세 시간 구워요.

DIY
양말 캣닢 장난감

휴지 심, 양말, 잘 말린 유기농 캣닢 1/2컵

1 휴지 심을 양말 안에 밀어 넣어요.

2 그 안에 캣닢을 넣어요.

3 양말 발목 부위를 단단히 묶어 매듭을 지어요.

휴지 심 고리

휴지 심, 가위

1 휴지 심을 3~5cm 길이로 잘라요.

2 둘레에 가위질을 한 뒤, 바깥으로 젖혀요.

3 원하는 대로 장식해요.

휴지 심 간식 공

휴지 심, 가위, 조그만 고양이 간식

1 휴지 심을 잘라 크기가 같은 고리 4개를 만들어요.

2 첫 번째 고리를 두 번째 안에 넣고, 그것을 다시 세 번째, 네 번째 고리 안에 넣으면 속이 빈 공이 완성돼요.

3 공 안에 간식을 몇 개 넣은 뒤, 고양이가 있는 쪽으로 굴려 주세요.

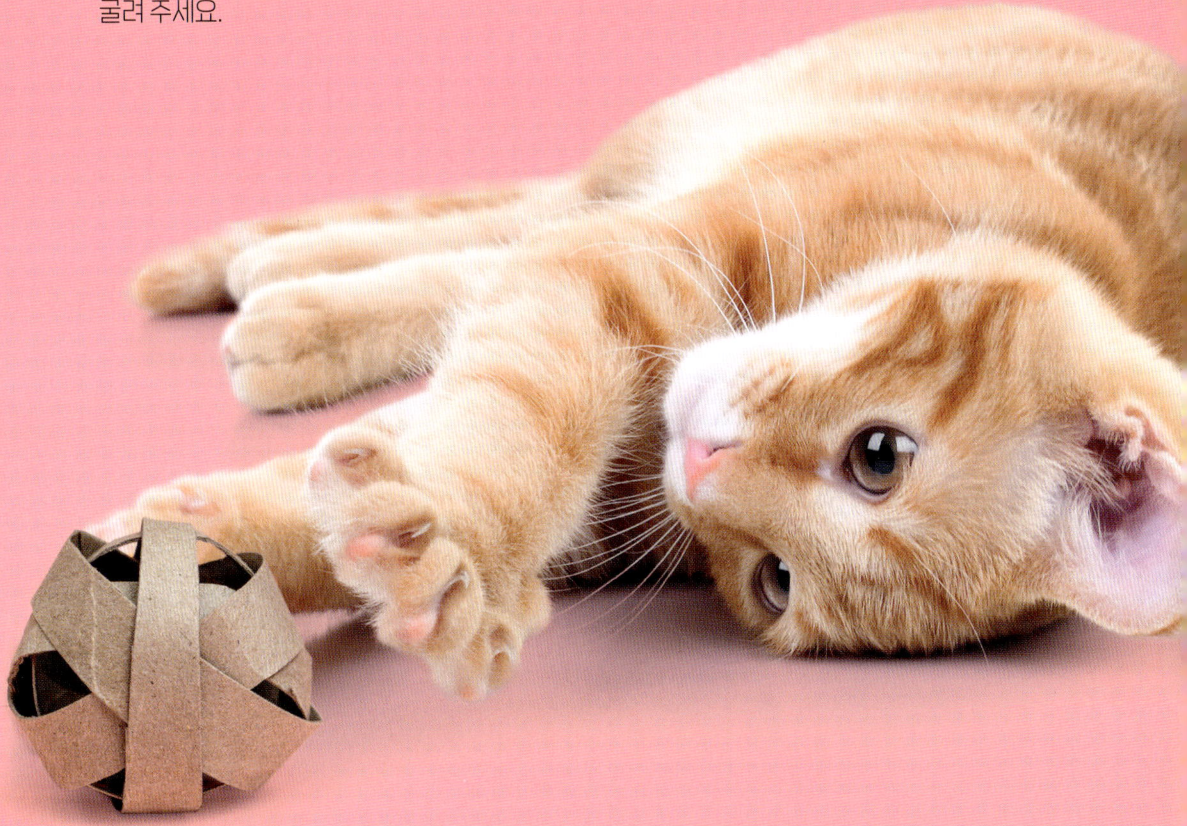

휴지 심 간식통

휴지 심, 가위, 조그만 고양이 간식

1 휴지 심에 구멍 2~3개를 뚫어요. 크기는 간식보다 살짝만 더 큰 정도로요.
휴지 심을 발로 건드리거나 공중에 던지면 이 구멍으로 간식이 나올 거예요.

2 귀여운 고양이 얼굴 등 원하는 대로 꾸며요.

3 한쪽 끝을 접어 넣어 닫고, 간식을 안에 넣은 뒤 반대편도 접어서 닫아요.

쌤 질문 있어요!

저는 사랑스러운 고양이 펌킨에게 간식 주는 걸 좋아해요. 그런데 어느 만큼 줘도 되는지 모르겠어요. 너무 많이 줘서 펌킨이 배가 아픈 건 싫거든요.

—켈리, 10세(크라운 포인트)

켈리처럼 멋진 친구에게 사랑을 받다니, 펌킨은 운이 좋은 고양이네요. 너무 많은 간식이 복통과 비만을 일으킬까 봐 걱정하다니 정말 똑똑한걸요. 펌킨에게 간식을 자주 주고 싶으면 이렇게 해 보세요. 펌킨이 하루에 먹는 건식 사료의 양을 잰 뒤, 밥그릇에 그 반만 담아 주세요. 그리고 나머지 사료는 특별한 간식처럼 켈리가 주는 거예요.

이렇게 하면 펌킨에게 간식을 자주 주면서도 건강 걱정을 할 필요가 없지요. 그리고 이걸 간식 장난감 안에 넣어서 주면 펌킨이 멋진 사냥 기술까지 쓸 수 있으니 더 좋아요. 그러나 펌킨에게 가장 특별한 선물은 바로 펌킨과 시간을 함께 보내고 많은 사랑을 표현하는 거랍니다.

—수의사 리즈 베일스(레드 라이온 동물 병원, 뉴캐슬)

착하지, 우리 고양이

고양이는 아무렇지 않게 하는 행동이 여러분에게는 나쁜 버릇처럼 보일 수 있어요. 비록 고양이가 개보다 독립적인 성향이 강하다 해도, 고양이 역시 충분히 똑똑하기 때문에 규칙을 지키고 그것을 따르게 하는 게 가능해요. 모두에게 가장 중요한 건 가정의 화목이니까요. 고양이의 행동이 여러분(또는 부모님)이 보기에 문제가 된다면 새롭게 훈련시키면 돼요.

여기, 고양이 집사들을 힘들게 하는 고양이의 문제 행동 네 가지가 있어요. 고양이가 그렇게 행동하는 이유와 해결 방법에 대해 알아보아요.

너무 일찍 일어나잖아

여러분이 맞춰 놓은 알람이 울리기 30분 전부터, 고양이는 눈을 말똥말똥 뜨고 여러분 뺨을 건드리고, 귓가에서 가르랑거릴 거예요. 또 배를 밟고 지나가거나, 블라인드를 툭툭 치고, 침대 옆 탁자에 놓인 물건을 넘어뜨리기 시작하겠죠.

아마 천 번쯤 시도하면 성공할지도 모른다옹.

케이시의 한마디

눈을 감고 모른 체하라냥!

비겁하게 고양이 친구들을 배신할 생각은 없지만, 원하지 않는 행동을 멈추게 할 중요한 비결을 알려 줄게. 관심을 끄는 행동은 그냥 다 무시해! 고양이가 깨운다고 쓰다듬어 주거나 밥을 주려고 일어나면, 고양이는 자기가 조른 덕분에 원하는 걸 얻었다고 생각하지! 그러니 이불을 뒤집어쓰고 자는 척해. 처음엔 투정이 더 심해질지 모르지만 계속 무시하다 보면, 고양이도 결국 반응을 얻어 낼 수 없다는 걸 깨닫게 될 거야. 인내심도 좀 배워야 하지 않겠냥?

왜? 여러분이 일어나면 밥을 준다는 걸 알았거든요. 고양이는 생각한 거예요. '아침을 좀 더 일찍 먹으면 좋잖아?'

해결책 : 일어나자마자 밥을 주는 버릇이 있다면, 우선 그것부터 스톱! 대신 옷 갈아입기, 책가방 싸기 등 몇 가지 일을 하고 나서 밥을 주는 거예요.

이 방법으로 안 되면 고양이의 생체 시계를 재설정해요. 저녁 늦게 밥을 주면 다음 날 아침 일찍부터 배가 고프진 않을 테니까. 그러니 며칠 동안 고양이의 저녁 식사 시간을 10~15분 늦춰서 여러분이 자는 시간에 가깝도록 바꿔 보세요. 그 후에 또 며칠 동안 10~15분 더 늦게 밥을 주는 거예요. 그러다 보면 고양이도 차츰 적응하게 될 거예요.

싱크대 탐험가

고양이는 마치 마술사 같아요. 좀 전만 해도 다리에 다정하게 몸을 부비고 있었는데, 어느 순간 싱크대 위나 냉장고 위에 올라가서 현장 조사를 하고 있거든요.

왜? 고양이는 안전하고 높은 곳에서 내려다보는 걸 좋아해요. 그리고 누가 음식을 만들기라도 하면 부엌은 고양이를 유혹하는 냄새로 가득 차게 되죠. 고양이 입장에서는 혹시나 싱크대 위에 맛있는 게 남아 있진 않은지 확인하고 싶은 거예요. 고양이가 보일 때마다 부엌에서 내보내는 수도 있겠지만, 그러면 고양이는 속으로 생각할걸요? '그럼 아무도 안 볼 때 올라가야지.'

해결책 : 다음 방법 중의 하나로 고양이가 부엌의 높은 장소를 덜 좋아하게 만들어 보세요.

* 약간 깊이가 있는 넓적한 쟁반을 싱크대 위에 올려놓고 그 안에 물을 조금 담아 놔요. 고양이가 싱크대 위에 뛰어올랐다가 첨벙 튀는 물 때문에 놀랄 거예요.

* 움직임을 감지하면 압축 공기를 뿜는 기계를 구입하세요. 고양이는 센 바람과 그 소리를 싫어해요. 또는 저전압 전기 매트를 올려 두면 발바닥에 닿는 찌릿한 느낌이 싫어서 접근하지 않을 거예요.

* 냉장고 위에 올라가지 못하게 양면테이프를 바르세요. 끈적끈적한 느낌 때문에 고양이가 싫어할 거예요.

이렇게 고양이가 싫어하는 장치를 하는 동시에, 더 편안한 곳으로 고양이를 안내해 주세요. 거실 구석에 튼튼하고 높은 캣트리를 놔 주거나, 바깥 구경을 할 수 있도록 창가에 넓은 선반을 설치해 주는 거예요. 고양이가 올라가도 쓰러지지 않을 책장이나 캐비닛 꼭대기에다 걸터앉을 수 있는 자리를 마련해 주는 것도 좋겠죠.

숨어 있다 공격하기

집 안에서 움직이고 있는 중에 어디선가 갑자기 고양이가 나타나서는 네 발로 발목을 감싸 안아요. 그러고는 또 신나게 도망쳐요.

왜? 지금 고양이는 먹잇감을 기다렸다가 몰래 접근해서 덮치는 사냥놀이를 하고 있는 거예요. 이런 행동은 사냥 방법을 익히고, 움직이는 사물 또는 사람에게 반응하는 법을 배우는 새끼 고양이 시절에 자주 하죠. 고양이에게는 마냥 재미있는 일이지만, 날카로운 이빨과 발톱 때문에 여러분은 하나도 재미없다는 게 문제!

해결책 : 우선 고양이의 사냥 본능을 이해해야 해요. 또 규칙적으로 고양이와 놀아 주어서 에너지를 다 써 버려야 하죠. 끈을 바닥에 끌면서 쫓아다닐 수 있게 해 주거나, 재미있는 장난감을 만들어 주세요.(79~82쪽, 109~111쪽 참조) 이렇게 다른 데 관심을 갖게 이끌면 고양이가 여러분의 발목 대신 더 적절한 사냥감을 찾게 될 거예요.

여러분이 한 수 앞서는 방법도 있어요. 늘 조그만 쥐돌이, 종이 뭉치, 알루미늄 호일 공 등을 갖고 다니는 거예요. 그러다 숨어서 지켜보고 있는 고양이를 발견하면, 고양이가 튀어나오기 전에 먼저 장난감을 던져 주는 거죠.

소파 파괴자

폭신하게 속을 채워 넣은 소파의 옆면이나 팔걸이 부분은 고양이들에게 참기 힘든 유혹이에요. 그래서 아주 열정적으로 가구를 파헤치고, 결국 가족(적어도 부모님)은 공포에 떨게 되지요.

왜? 소파가 자신의 것이라고 알리기 위해 발톱에 있는 분비선을 이용해 영역 표시를 하는 거예요. 또는 발톱을 날카롭게 가는 스크래칭 도구로 쓰기 때문이기도 해요. 이런 행동은 자연스러운 거예요. 스크래칭을 하지 못하게 할 수는 없어요.

해결책 : 적절한 스크래칭 용품을 마련해 주세요. 좋아하는 가구 옆에 스크래칭 기둥이나 캣트리를 두는 거예요. 스크래처는 그 종류가 다양하니 여러분의 고양이가 좋아할 만한 걸로 몇 가지 시험해 보세요.(90쪽에 DIY 방법도 있어요.) 그리고 캣닢을 뿌려 고양이를 유인하고, 고양이가 스크래처를 사용하면 간식을 주면서 칭찬하세요.

새로운 스크래처에 익숙해질 동안, 소파 옆면에 임시로 양면테이프를 붙여 놓는다든지 고양이가 싫어하는 시트로넬라 등의 방향제를 뿌려 놓으세요.(방향제가 소파를 손상시키진 않는지 미리 확인하는 것도 잊지 마세요.)

Quiz ❷

1 고양이는 다음 중 어떤 행동을 할 때 수염을 이용할까요?

A 좁은 출입구를 통과할 수 있을지 가늠할 때
B 어둠 속에서 쥐 같은 먹잇감을 발견할 때
C (만족, 경계, 위협 등) 기분을 표현할 때
D 위의 것들 모두
E 답 없음

2 고대 이집트에서 고양이는 왕족 대접을 받았어요. 그럼 사랑하는 고양이가 죽었을 때 사람들은 어떻게 슬픔을 표현했을까요?

A 캣닢을 심었다.
B 일주일 동안 정어리만 먹었다.
C 눈썹을 밀었다.
D 슬픈 표정의 가면을 썼다.

3 고양이가 꼬리를 앞뒤로 휘둘러요. 지금 고양이의 감정은?

A 행복하다.
B 지루하다.
C 언짢다.
D 궁금하다.

정답은 138쪽에서 확인하세요.

스크래칭 기둥

스크래칭 기둥을 만드는 방법은 수백 가지가 있지만 그중에 간단한 두 가지만 소개해 볼게요. 중요한 건 넘어지지 않도록 만드는 거예요. 표면에 캣닢 가루만 살짝 뿌려 놓으면 고양이는 반드시 관심을 갖고 여기서 발톱을 긁을 거예요.

주렁주렁 장난감을 추가로 매달면 더 재미있겠죠.

콘크리트관(철물점에서 살 수 있어요.), 작은 러그, 양면 카펫 테이프 또는 강력 접착제, 캣닢

1 러그로 콘크리트관을 잘 감싸요.

2 러그를 관에 고정시켜요. (테이프나 접착제가 많이 필요할 거예요.)

3 위쪽에 남은 부분을 안으로 접어 넣고 꽉 고정시켜요.

크고 단단한 종이 상자, 작은 러그,
양면 카펫 테이프 또는 강력 접착제,
캣닢

1 종이 상자의 한쪽 면을 길게 자른 뒤, 날개 부분을 접착제나 테이프로 붙여 단단한 바닥을 만들어요.

2 옆면 두 군데를 겹쳐서 삼각형을 만들어요. 종이 상자를 고정해요.

3 종이 상자에 테이프나 접착제로 러그를 붙여요. 원한다면 모서리 부분을 안으로 밀어 넣어도 돼요.

안에 담요와 장난감을 넣어 주면 안락한 숨숨집으로도 굿!

3
고양이를 위한 훈련 교실

어린이와 고양이는 공통점이 많아요. 둘 다 새로운 걸 배우고 발견하는 걸 좋아한다는 점도 닮았죠. 다만 여러분은 공부를 하러 학교에 가고, 고양이에게는 집 안이 바로 교실이나 마찬가지예요. 그리고 여러분은 고양이의 든든한 선생님이고요!

고양이는 관찰력이 뛰어난 학생이에요. 열심히 보고 듣고 냄새 맡고 집 안의 일들에 관심을 가져요. 그래서 캔 따는 소리만 들려도 곧장 부엌으로 튀어 오지만, 여러분의 휴대폰이 울리면 소파에 자리 잡고 앉아서 관심도 안 가지죠.

고양이를 훈련시켜야 하는 이유

1 고양이의 몸을 움직이게 하고 머리를 쓰게 하려고

2 더 끈끈한 우정을 쌓고 신뢰를 얻기 위해

3 자신감을 북돋우기 위해(또는 자신감 넘치는 고양이에게 뽐낼 기회를 주기 위해)

배울 준비가 되었습니다, 스승님!

성공을 위한 준비 과정

고양이는 개만큼 똑똑하지만 훈련에 대한 반응이 개와 달라요. 우선 고양이는 여러분을 기쁘게 해야겠다는 의욕이 별로 없고, 대신 맛있는 간식을 얻는 데에만 관심이 많죠. 성공적인 훈련을 위해서는 다음 세 가지를 실천해야 해요. 바로 '확실하게, 간결하게, 일관되게 행동하기.' 고양이는 비록 인간의 언어는 할 줄 모르지만, 여러분의 자세나 말투를 파악해서 무슨 말을 하려고 하는지 추측하는 건 아주 잘하거든요.

확실하게 어떤 행동을 훈련시킬 때는 고양이가 여러분이 요구하는 게 뭔지 이해할 수 있도록 단계를 작게 나눠야 해요. 또 원하는 행동을 했을 때에만 보상을 줘야 해요. "앉아."라고 말해 놓고 고양이가 쳐다보기만 해도 보상을 주면, 고양이는 '앉아'가 '날 봐'인 줄 착각할 수 있어요.

간결하게 신호를 여러 번 되풀이해서 반복하지 말아요. 고양이가 스스로 생각하고, 여러분이 원하는 게 무엇인지 알아낼 수 있도록 시간을 주세요.

일관되게 동작 훈련은 많은 반복이 필요해요. 매번 똑같은 말 신호와 동작 신호를 사용해 고양이가 쉽게 파악할 수 있도록 도와주세요. 말 신호는 한마디로 하는 것이 좋아요. '바닥에 앉아'보다는 그냥 '앉아'가 더 쉽겠죠.

고양이를 훈련하기 위한 비결 몇 가지를 더 소개할게요.

적절한 시간 선택 낮잠 자는 고양이를 깨워서 훈련시키면 즐겁게 따라 줄 리 없겠죠? 즐거운 시간을 보낼 준비가 됐을 때만 훈련을 시작하세요. 식후보다는 식전이 고양이의 관심을 끌기에 더 좋아요.

과한 훈련은 안 돼요. 훈련 시간은 짧게하세요. 하루에 한두 번, 5~10분 정도가 적당해요.

간식을 이용해요. 잘게 자른 닭고기 같은 질 좋은 간식을 주면 고양이가 훈련에 더 흥미를 가질 거예요.

비결은 훈련 장소 집중이 잘되도록 방해 요소가 없는 조용한 장소를 골라요.

배우는 건 즐거운 것 칭찬을 아끼지 말아요. 여러분이 불만스럽거나 짜증이 났다면, 혹은 고양이가 지루해하거나 혼란스러워 하면, 훈련을 멈추세요. 고양이는 갑자기 방에서 나가거나 그루밍 하는 것으로 티를 낼 거예요.

좋은 분위기로 훈련을 끝낼 수 있게 노력하세요. 고양이가 세 번 연속 시키는 걸 해냈다면 거기서 멈추고, 간식을 하나 주며 칭찬해 주세요.

케이시의 한마디

통역이 필요하냥?

우리 고양이들은 2개 국어를 할 줄 알아. 당연히 고양이어는 할 줄 알고, 인간 가족이 쓰는 언어도 종류에 관계없이 조금 배워야 하지. 난 고양이어, 영어, 수화까지 무려 3개 국어가 가능해. 응급 처치와 행동 교정 수업에서 아덴은 내게 '앉아, 이리 와, 하이 파이브'를 시켰어. 가끔은 말없이 손동작만으로도 척척 알아들었다고! 어때, 멋지지?

쌤 질문 있어요!

고양이는 높은 곳에서 떨어질 때 꼭 발로 착지하나요?

–케일린, 10세(대번포트올림픽)

고양이는 체조 선수처럼 공중에서 몸을 비틀면서도 뛰어난 방향 감각을 자랑합니다. 유연한 척추, 강한 근육, 엄청난 균형감 덕분에 대부분 네 발로 안전하게 착지하지요.

고양이의 쇄골은 퇴화되어 다른 뼈에 붙어 있지 않고 떠 있기 때문에 아주 좁은 곳도 비집고 들어갈 수 있어요. 또 고양이 뇌는 자신이 추락하고 있는 걸 인지하면 곧바로 근육에 조심하라고 알려 줘요. 그러면 근육은 고양이 머리가 땅에 평행한 상태로 착지할 수 있게 몸을 틀어요. 그래서 자연스럽게 똑바로 선 자세로 바닥에 떨어질 수 있는 거예요.

하지만 고양이가 아무리 민첩하다고 해도 창문이나 발코니, 지붕에서 떨어졌을 때 늘 부상을 피할 수 있는 건 아니에요. 호기심 많은 여러분의 고양이가 안전하게 지낼 수 있도록 미리 사고를 예방해 주세요.

–수의사 니콜라스 도드맨(수의사 겸 터프츠대학교 수의학과 커밍스스쿨 명예 교수, 노스그래프턴)

지금은 수업 중!

이제 고양이에게 '이리 와, 악수, 돌아, 훌라후프 통과하기'를 가르칠 수 있도록 단계별 훈련법을 알려 줄 거예요. 고양이의 재주로 가족과 친구들을 깜짝 놀라게 해 주면 정말 재미있겠죠?

'이리 와' 가르치기

고양이가 자기 이름을 들으면 그쪽으로 오게 하는 법을 가르치세요.
호기심 많은 여러분의 고양이는 냉장고 뒤나 벽장 속같이 새로운 은신처를 찾아
숨을 수도 있고, 어떨 땐 슬그머니 집 밖으로 나갈 수도 있어요.
이름을 불렀을 때 반응하게 만들면 고양이 찾기가 훨씬 쉬워지겠죠.
다른 재주를 가르치고 싶을 때도 일단 고양이를 불러서 오게 해야 하고요.

1 식사 시간 직전에 훈련을 시작해요. 그때 가장 집중을 잘하니까요.

고양이는 캔 따는 소리, 뚜껑 여는 소리를 곧바로 알아채요. 그러니 고양이 밥을 준비하면서 이름을 불러요. (간식 봉지를 흔들어도 되겠죠.) "이리 와, 마이키, 마이키, 마이키!"

또는 휘파람이나 숟가락으로 캔 두드리기 등 음식을 떠올릴 수 있는 다른 신호를 사용해도 좋아요.

2 **고양이가 밥을 먹으러 달려오면 특별 간식을 주세요.** 그다음에 밥을 주고요. 이걸 한동안 매번 반복하세요. 여러분의 목소리나 휘파람 소리가 들리면 언제나 맛있는 밥이 준비되어 있다는 걸 깨우칠 때까지요.

3 **이제 식사 시간이 아니어도 고양이를 부르기 시작해요.** 그리고 고양이가 달려오거나 어슬렁거리며 나타나기만 해도 보상을 주세요.

부를 때마다 매번 달려올 거라고는 기대하지 마세요. 하지만 한동안 올 때마다 보상을 충분히 해 준다면, 놀랄 만한 성과를 볼 수 있을 거예요!

'앉아' 가르치기

'앉아'는 다른 많은 재주의 기본이 되는 동작이에요. 이걸 깨우치고 나면, 간식을 고양이 머리 위로 높이 들고 "주세요."라고 말하면서 고양이가 간식을 향해 두 발을 뻗는 동작을 가르칠 수도 있어요.

1 **맛있는 간식을 갖고 있다는 걸 보여 주면서** 고양이의 관심을 끌어요. 고양이 얼굴 앞에 간식을 들고 있다가 천천히 머리 위로 간식을 올리며 "앉아."라고 말해요.

2 **고양이가 코로는 간식을 쫓아가면서** 머리는 들고 엉덩이는 바닥에 붙이고 앉는 게 이상적인 동작이에요.

"잘했어."라고 칭찬하면서 바로 간식을 주세요.

3 **고양이가 간식을 든 손을 톡톡 때리거나** 뒷다리로 일어설 수도 있어요. 그러면 앞발을 바닥에 내릴 때까지 끈기 있게 기다렸다가 간식을 주세요.

고양이가 '앉아'라는 말과 머리 위로 손을 든 동작 사이의 연관성을 이해할 때까지 훈련을 계속하세요.

'악수' 가르치기

고양이들은 궁금한 것들을 앞발로 건드려 보면서 알아 나가는 경우가 있어요.
'앉아'를 할 줄 아는 고양이라면 '악수'는 재미있게 배울 수 있는 동작이에요.

1 **여러분이 바닥에 앉거나** 고양이를 탁자 위에 앉혀서 눈높이를 맞춰요. 그리고 '앉아'를 시켜요.

케이시의 한마디

난 왼손잡이라냥!

사람과 마찬가지로 고양이도 오른손잡이, 왼손잡이가 있어. 고양이들은 네발을 모두 사용하는 재능이 있지만, 그래도 간식을 건드리거나 화장실에 들어가거나 인사를 할 때 주로 사용하는 발이 하나는 있기 마련이지. 난 왼손잡이라서 야구 선수였으면 왼손잡이 투수가 됐을 거라냥!

2 고양이 눈앞에서 5~10cm 떨어진 곳에서 간식을 들고 "악수"라고 말해요. 고양이가 간식을 잡으려고 앞발을 들면 "잘했어."라고 칭찬하면서 간식을 주세요.

고양이의 눈높이에서 손을 들기만 하면 앞발을 들 때까지 여러 차례 반복해서 연습하세요.

3 이제 간식을 든 손으로 고양이 앞발을 부드럽게 건드리세요. 그래야 악수가 완성되는 거예요. 고양이 발을 건드린 후 간식을 건네주세요.

'돌아' 가르치기

고양이가 여러분을 잘 따르고 새로운 것을 배울 의욕이 있다면, 신호에 맞춰 동그랗게 도는 동작을 가르칠 수도 있어요. 우선 목표물 막대기가 필요할 거예요. 기다란 막대기나 나무 숟가락 손잡이 끝에 고양이가 좋아할 만한 버터나 부드러운 치즈 등을 발라서 준비하세요.

1 고양이가 여러분을 마주 보고 앉게 하세요. 먹을 것을 바른 막대기를 고양이 코 앞에 대고 고양이가 그것을 핥게 하세요.

(매번 막대기에 먹을 걸 묻혀 가면서) 이 동작을 몇 차례 반복하면 막대기에 집중하는 법을 배우게 될 거예요.

2 막대기는 고양이 머리 높이로 유지한 채 천천히 앞으로 움직여 봅니다. 고양이가 막대기를 따라서 몇 걸음 걸어오면, 거기서 멈추고 막대기를 핥게 하고 칭찬해 줍니다.

3 막대기를 핥게 하고 칭찬하기 전까지 걷는 거리를 점점 늘여 가세요. 막대기를 따라서 원을 그리며 돌 수 있을 때까지요.

4 이제 동작과 함께 말로 된 신호를 보낼 준비가 되었어요. "돌아."라고 말하면서 막대기를 동그랗게 돌려요.

고양이가 도는 동작을 잘 해냈으면 "잘했어."라고 칭찬해 주면서 간식을 줍니다. 이 동작을 계속해서 성공한다면, 목표물 막대기는 치우고 대신 간식 든 손으로 동작을 시도해 봅니다.

'훌라후프 통과하기' 가르치기

고양이가 적극적이고 다른 재주도 잘 해낸다면, 훌라후프 통과하는 재주를 가르쳐 보세요. 친구들이 보면 와! 하고 감탄할걸요. 이건 제법 어려운 재주이기 때문에 목표물 막대기(또는 간식을 쥔 손) 따라가기를 이미 익히고 있어야만 가능해요.

1 **훌라후프를 사이에 두고 고양이와 마주 보세요.** 처음에는 훌라후프를 바닥에 둬요. 막대기에는 먹을 걸 묻혀 놔요.(104쪽 참조)

2 고양이가 훌라후프를 통과하여 막대기를 따라올 수 있게 유인하세요. 처음에는 훌라후프를 바닥에 닿게 한 채로 연습합니다.

고양이가 훌라후프를 통과하면 매번 "후프"라고 말하면서 칭찬해 주세요. 그래야 고양이가 '후프'라는 말과 그곳을 통과하는 동작과의 관계를 깨닫기 시작합니다.

3 고양이가 편하게 훌라후프를 통과할 줄 알게 되면, 후프를 바닥에서 조금 띄워 주세요. 처음에는 3~4cm에서 시작해 훈련과 함께 점점 더 높이를 높여 갑니다.

고양이의 자신감과 의욕을 채우기 위해서는 몇 차례 반복 학습이 필요할 지도 몰라요.

나, 유모차 타는 케이시다냥

아덴은 반려동물학회나 수업에서 고양이에 대한 모든 걸 가르쳐. 그리고 거기에 날 데려가지. 난 아덴이 시키는 대로 반려동물 유모차 타는 법을 배우게 됐어. 처음엔 아덴이 뚜껑 열어 둔 유모차를 거실 한가운데에 놔뒀어. 당연히 호기심이 생긴 나는 유모차를 꼼꼼히 살펴봤지. 아덴은 유모차 안에 간식을 몇 개 던져 넣었고, 난 그걸 먹겠다고 후다닥 뛰어 들어갔어. 다음 날엔 유모차 안에서 아침을 먹이기 시작하더라고.

내가 유모차를 좋아하게 되자 아덴은 나를 태우고 유모차를 살살 밀기 시작했어. 가끔씩 멈춰서 간식도 줬지. 아덴은 내가 유모차를 믿을 수 있게 시간을 주었고, 난 그 제안을 기꺼이 받아들인 거야.

우린 서로 다른 이유로 유모차를 좋아해. 난 움직이는 이동장 안에서 이리저리 쏠리는 대신, 부드럽게 움직이는 유모차를 품위 있게 타는 걸 좋아해. 아덴 입장에서는 무거운 이동장을 드는 대신 유모차 미는 게 훨씬 힘이 덜 들지. 이게 바로 윈윈 아니겠어?

안전을 위해서는 반드시 고양이에게 하네스를 입히고, 유모차 내부의 줄과 하네스를 D링으로 연결하는 거 잊지 마. 그리고 그물로 된 뚜껑도 씌우고. 그래야 고양이가 주변을 둘러볼 수 있고, 밖으로 뛰쳐나가지 못하거든. 됐지? 그럼 이제 출발하라냥!

낚싯대 장난감

고양이는 움직이는 걸 쫓고, 뛰어오르고, 덮치는 걸 무척 좋아해요. 이런 고양이의 놀이 본능을 자극하는 장난감 만들기 세 가지를 소개할게요.

60~90cm 길이의 튼튼한 막대기, 두꺼운 털실 또는 끈, 조그만 고양이 인형, 털실 폼폼이, 동그랗게 뭉친 종이

1 막대기 끝에 장난감이나 폼폼이, 종이 뭉치 등을 끈으로 묶어 매달아요. 고양이가 어떤 걸 제일 흥미 있어 하는지 알아보고, 끈 길이도 조절해요.

2 막대기에 연결된 장난감을 바닥에서 끌다가 공중으로 휙 튀기면 고양이도 따라서 뛰어오를 거예요.

플리스 고리 장난감

다양한 색깔의 플리스나 펠트 또는 두꺼운 천 조각,
(천이 잘 잘리는) 가위

1 길이 16cm, 폭 2.5cm 정도로 천을 자른 다음, 양 끝을 묶어 원형을 만들어요.

2 길이 7cm, 폭 1cm 정도의 천을 12~15개 정도 잘라요. 1에서 만든 동그란 고리에 천 조각들을 각각 묶되, 단단하게 두 번씩 묶어요.

3 바닥에 놓고 장난감을 흔들거나 고양이에게 휙 던져 주세요. 아니면 긴 끈에 묶어 움직이는 쥐처럼 끌어도 좋아요.

DIY
대롱대롱 문손잡이 장난감

조그만 쥐 인형 또는 뭉친 종이,
길이 30~40cm, 폭 2.5cm쯤 되는 두꺼운 천 조각

1 천 조각 끝에 장난감이나 종이 뭉치를 꽉 묶어요.

2 천 조각의 다른 쪽 끝을 방문 손잡이에 매 줘요. 고양이 눈높이에 맞게 바닥에서 15~20cm 정도 떨어진 곳에 장난감이 올 수 있게 조절해요.

3 장난감을 앞뒤로 흔들어 고양이를 유인해요. 바닥에 놓고 끌어야만 관심을 보인다면, 일단 고양이를 유인한 후 고양이가 보는 앞에서 문손잡이에 묶어요.

4

건강하고 행복한 내 고양이

여러분은 아마 고양이를 늘 껴안아 주는 존재이자 놀이 친구이기도 하고 보호자이기도 할 거예요. 그리고 가장 중요한 똥 치우기 담당자이기도 하죠. 이 모든 역할들은 고양이가 최상의 상태를 유지하고 주변 환경을 관찰하는 데 도움을 줍니다. 그리고 또 한 가지 중요한 역할이 바로 반려동물 건강 탐정이에요. 고양이의 건강에 무슨 문제가 없는지 계속해서 단서를 찾아야 해요.

이 장에서는 몇 가지 응급 처치법과 고양이를 건강하게 돌보는 법 그리고 놀이 시간의 장점에 대해서 다룰 거예요. 고양이가 행복하고 건강하게 살기 위해서는, 계속 뇌를 사용해야 하고 규칙적으로 운동도 해야 한답니다. 그럼 한번 시작해 볼까요?

재미있는 놀이와 장난

심심한 고양이는 나쁜 장난을 치기 쉬워요. 그리고 과체중 고양이는 관절염이나 당뇨병 같은 건강 문제가 생길 수도 있어요. 고양이가 잘 움직일 수 있도록 같이 놀아 주는 게 중요한 이유도 바로 이 때문이에요. 다음의 게임들을 같이 하면서 고양이가 무엇을 가장 좋아하는지 알아보세요. 새로운 놀이도 만들어 보고요!

먹이 사냥놀이

일주일에 적어도 한 번은 사냥놀이로 고양이의 숨은 사냥 본능을 일깨워 주세요. 한 끼 식사는 그냥 건너뛰고 그만큼의 양을 조금씩 나누어 집 안 이곳저곳, 혹은 계단마다 놔두는 거예요.

음식을 숨겼으면 고양이를 부르세요. 처음에는 음식이 있는 곳으로 여러분이 직접 안내해야 할 수도 있어요. 하지만 다음부터는 물러서서 고양이 스스로 후각과 사냥 본능을 이용해 먹이를 찾아내는 걸 지켜보세요. 고양이가 식사를 끝내면 숨겨 둔 음식은 깨끗이 치워야 해요.

머피 게임

내가 키우던 고양이 머피의 이름을 따서 만든 놀이예요. 머피는 공중에 뛰어올라 날아다니는 물건을 낚아채는 걸 참 좋아했거든요. 이 게임을 하려면 한 명이 더 필요하고, 고양이가 쫓아다닐 만한 작은 장난감이나 종이 뭉치 두어 개가 있어야 해요.

고양이를 가운데 두고 친구와 3m 정도 떨어져 앉아요. 종이를 구기거나 인형을 흔들어 고양이의 흥미를 자극해요. 그런 다음 친구에게 장난감을 던져요. 고양이 머리 위로 30㎝ 정도 높이가 되어야 고양이가 뛰어올라 잡을 수 있어요. 고양이가 다른 데로 가 버리거나 등을 보이거나 그루밍을 하기 시작하면 게임을 멈춰요.

종이 백 속 물고기

부엌 바닥에 빈 종이 백이 떨어져 있으면 고양이는 그냥 지나치지 못하고 꼭 들어가 보죠. 실내 '낚시 게임'을 할 수 있게 꾸며 주면 고양이가 더 재미있게 놀 수 있어요.

종이 백에 달려 있는 손잡이는 고양이가 끼지 않도록 제거한 다음 바닥을 동그랗게 오려 내요. 신발 끈이나 단단한 줄 끝에 장난감이나 종이 뭉치를 묶어서 낚싯줄과 미끼를 만들어요. 장난감을 구멍 안으로 집어넣어서 종이 백 중간쯤에 오게 해요. 종이 백 바닥이 여러분을 향하도록 종이 백을 눕혀요.

종이 백 입구 쪽에 고양이를 두고 미끼를 흔들면 고양이가 먹잇감을 잡겠다고 종이 백 안으로 뛰어들 거예요. 고양이가 종이 백 안으로 뛰어 들어온 순간, 미끼를 구멍 밖으로 쏙 빼내요. 타이밍이 중요해요. 고양이는 생각보다 꽤 빠르거든요!

욕조 하키

여러분의 고양이가 공이나 장난감 쫓아다니는 걸 좋아한다면 고양이가 운동 능력을 뽐낼 수 있도록 하키장을 만들어 주세요. 빈 욕조 안에 조그만 물건을 던져 넣기만 하면 돼요. 고양이들은 탁구공, 쪼글쪼글한 은박지공, 음료수 뚜껑에 달려 있는 플라스틱 고리 등을 좋아해요.

장난감을 욕조 안에 던져 넣으면 장난감이 욕조 안을 구르면서 소리가 날 거예요. 그러면 고양이도 관심을 갖고 달려오겠죠. 고양이가 장난감을 잡을 때마다 칭찬해 주세요.

고양이 꽁꽁 싸매기

고양이는 대개 도망치지 못하게 하거나 움직이지 못하게 고정시켜 놓는 상황을 힘들어 할 수 있어요. 예를 들어 처음 약을 먹이거나 발톱을 손질할 때가 그렇죠. 고양이와 여러분 모두에게 가장 중요한 건 바로 안전이에요. 팔다리에 할퀸 자국만 잔뜩 남은 채 끝낼 순 없잖아요. 이럴 때 좋은 방법은 어른들의 도움을 받아 목욕용 수건으로 고양이를 꽁꽁 싸매는 거예요.

반려동물 전문가들은 약을 먹이거나 발톱을 깎을 때 고양이의 목 뒷덜미를 움켜쥐는 걸 반대합니다. 겁에 질린 고양이는 유연한 척추를 이용해 급히 도망치려 할 테고, 몸을 틀어 버둥거리다가 뒷발 발톱으로 여러분에게 상처를 낼 수 있으니까요. 수건으로 싸매는 방법은 수의사나 간호사들도 아프거나 상처 입은 고양이를 안전하게 다루기 위해 즐겨 사용하는 방법입니다. 쉽게 긴장하고 겁이 많으며 건드렸을 때 공격적으로 변하는 고양이에게 알맞은 방법이에요.

커다란 수건으로 고양이를 감싸면 좋은 점 세 가지

✱ 날카로운 발톱과 이빨로부터 여러분을 보호해 줘요.
✱ 치료를 받을 때 움직이지 못하게 고정시킬 수 있어요.
✱ 겁에 질린 고양이를 진정시키는 데 도움이 돼요.

성공을 위한 비결은 수건을 긍정적인 것으로 인식시키는 거예요. 고양이를 수건으로 감싸서 차분하게 만드는 게 여러분의 목표니까요. 그러니 고양이가 얌전할 때 계속 연습해서 익숙하게 만들면 정말 필요한 상황에서 쉽게 할 수 있어요. 여러분이 더 편해지고 고양이도 잘 받아들일 때까지 어른들의 도움을 받는 것이 좋아요. 간식과 칭찬을 아끼지 말고, 처음에는 몇 초 동안만 싸맨 상태를 유지하세요. 아무것도 하지 않고 수건으로 싸매기만 몇 번 하다 보면, 이게 끔찍한 일이 아니라는 걸 고양이도 배우게 될 거예요.

고양이 싸매기 기술

'고양이 부리토'라고도 흔히 알려져 있는 싸매기 기술을 차근차근 설명해 줄게요.

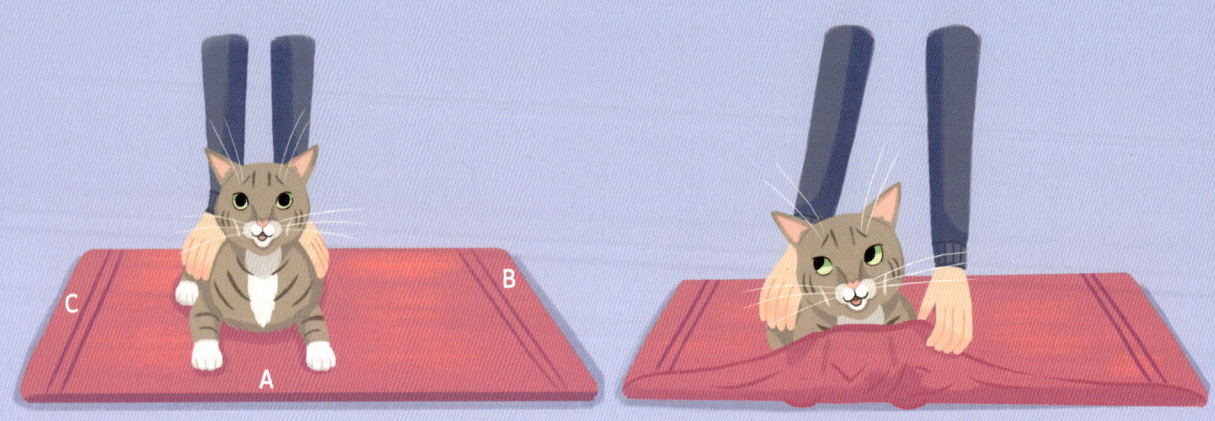

1 수건의 긴 쪽(A)에서 5~7cm 정도 떨어진 곳 그리고 짧은 쪽 끝(C)에서 30cm 떨어진 곳에 **고양이를 내려놓으세요.**

2 수건의 긴 쪽(A)을 고양이 앞발과 목 쪽으로 **밀어 넣으세요.**

3 더 길게 남아 있는 쪽(B)을 고양이 위로 끌어당겨 **온몸을 감싸 주세요.**

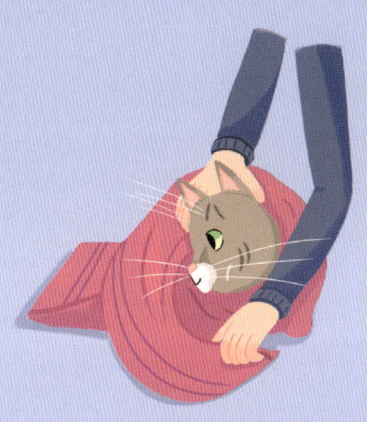

케이시의 한마디

돌돌 말아도 좋기만 하다냥!

아기일 때부터 아덴은 내게 수건 싸매기를 알려 주었어. 그 후로 난 커다랗고 폭신한 수건에 파묻혀 있는 걸 정말 좋아하지. 왜냐고? 아덴은 차근차근 진행했고 맛있는 간식도 아끼지 않았기 때문이야. 요즘은 반려동물 응급 처치 수업에서 학생들도 날 두고 싸매기 연습을 해. 난 사진을 찍으라고 기분 좋게 포즈도 취해 주는걸. 그러면 맛있는 간식이 따라온다는 걸 알고 있기 때문이지.

4 수건 모서리를 앞으로 당겨 **목도리처럼 턱 아래를 감싸요.**

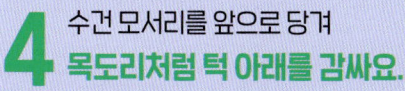

5 수건으로 빈틈없이 감쌌으면 짧은 쪽 끝(C)을 잡고 끌어당겨요. 고양이가 꿈틀거리며 빠져나가지 못하도록 **몸에 꼭 맞게 단단히 감싸요.**

성공! 이제 여러분의 고양이는 수건 안에 안전하게 고정됐어요. 이제 알약이나 물약을 먹이거나 발톱을 손질할 준비가 되었습니다.(120쪽 참조)

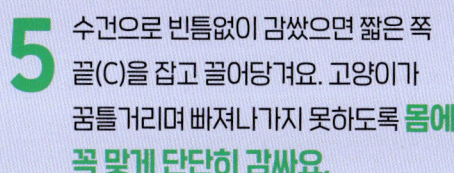

발톱 손질 시간

아기 고양이를 키우고 있다면 지금 당장 고양이 발을 건드려 보세요.
발볼록살을 살짝 눌러 발톱이 나오게도 해 보고요. 즐거운 분위기에서 말이죠.
만약 처음이라면 2~3초 동안 짧게 만지도록 하세요. 맛있는 간식도 조금씩 나눠 주고요.
그러면 여러분이나 고양이 모두 발톱 깎는 시간이 덜 힘들 거예요.
성묘 중에서 좀 느긋한 고양이라면 이 방법을 배워 볼 수 있겠지만,
혈기 왕성한 고양이라면 건강 검진 때 동물 병원에 부탁하거나
전문 관리사에게 맡기는 편이 더 안전할 거예요.

홈 페디큐어

집에서 발톱을 깎을 때는 한 사람이 고양이를 안고, 다른 한 사람이 손톱깎이를 사용하면 좋아요. 고양이가 새로운 것을 잘 받아들이는 편이라면 집에서도 한번 시도해 보세요. 먼저 욕실이나 다른 닫힌 공간에 필요한 것들을 준비해 놓습니다. 두툼한 수건, 손톱깎이, 실수로 발톱을 너무 짧게 깎아 피가 날 때를 대비한 가루 지혈제 등을요. 약간의 간식도 잊지 마세요.

1 고양이를 목욕 수건으로 감싸요. (118쪽 참조) 그리고 발톱 깎을 다리를 한 번에 하나씩 조심히 꺼내요.

2 **엄지손가락을 고양이 발 위에, 나머지 손가락을 발바닥 쪽에 둡니다.** 그리고 발볼록살을 살짝 눌러 발톱이 한 번에 하나씩 나오도록 합니다.

3 **발톱 끝에 투명하고 하얀 부분만 싹둑 잘라 줍니다.** 분홍색 부분은 발톱 밑 속살로 정맥이 흐르고 있으므로, 자르면 피가 나요.

휴, 해냈다냥!

발톱을 자르는 동안 고양이에게 조용히 말을 걸어 주세요. 다 끝나면 수건을 풀고 맛있는 간식을 한두 개 줍니다. 그래야 발톱 깎기가 긍정적인 경험으로 남을 수 있어요. 몇 차례 깎고 나면 고양이도 무서운 일은 절대 일어나지 않는다는 걸 알게 될 거예요.

반려동물 건강 탐정이 되자!

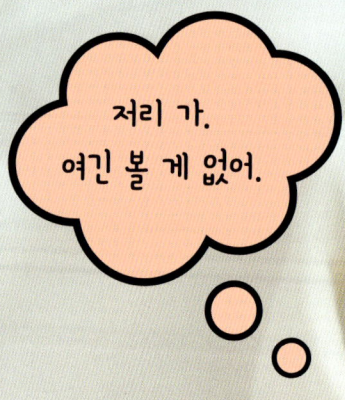

저리 가.
여긴 볼 게 없어.

기분이 안 좋거나 아픈 데가 있으면 티를 내는 개들과는 달리, 고양이들은 힘이 없거나 아픈 걸 숨기려는 경향이 있어요. 그렇기 때문에 고양이가 평소처럼 건강한 상태가 아닌 걸 드러내는 단서들을 놓치지 않는 게 중요해요. 이런 관점에서 살펴보세요.

∗ 화장실 사용 습관이 달라졌나요?

∗ 식욕이 없어졌나요?

∗ 활발하던 고양이가 자꾸 어딘가 숨나요?

∗ 고양이를 안으려고 하면 하악질을 하거나 발을 휘두르나요?

∗ 발을 물어뜯거나 많이 긁나요?

고양이가 위와 같은 행동을 한다면 무슨 문제가 있다는 증거입니다.

반려동물 응급 처치

반려동물을 키우는 사람들이 늘어나면서 우리나라에서도 조금씩 반려동물 응급 처치 프로그램이 생겨나고 있어요. 하지만 아직 시작 단계라 소수 지방자치단체나 소방본부, 동물 병원 중심으로 이루어지고 있어요. 응급 처치를 배우면 좋은 점과 심폐소생술에 대한 간략 정보를 알아보아요.

✱ 고양이가 아프거나 부상당했을 때 침착하게 대응할 수 있어요.

✱ 고양이의 생명을 살릴 수도 있어요.

반려동물과 사람의 심폐소생술은 기본 원리는 같지만 자세히는 달라요. 만약 즉시 반려동물에게 심폐소생술을 할 상황이 발생한다면 다음과 같이 조치하세요. 먼저 심장이 위치한 왼쪽 가슴이 위로 오도록 눕혀요. 그런 다음 깍지 낀 손으로 가슴을 적당히 압박해 줍니다.(체형이 작은 반려동물의 경우 조금 달라요.) 압박은 30회, 호흡은 2회를 두 번 반복하는데, 사람과 달리 입을 막고 코에 숨을 불어넣어요. 자세한 것은 유튜브 채널 《소방청TV》의 〈동물 심폐소생술(CPR) 이렇게 하세요!〉라는 동영상을 살펴보세요. 그 외에도 동물 병원들에서 유튜브에 올린 다양한 반려동물 응급 처치 동영상이 있으니 꼭 자세히 살펴보세요. 만약 반려동물의 응급 상황 정도가 위급하다면 빨리 가까운 동물 병원을 찾아야 하는 것 잊지 마세요.

쌤 질문 있어요!

어린 고양이는 얼마나 높이 점프할 수 있나요?
―리건, 8세(시애틀)

고양이는 몸에 비해 엄청 크고 발달된 허벅지 근육이 있기 때문에 아주 높이 점프할 수 있어요. 고양이가 웅크리고 있다가 뛰어오르면 마치 로켓이 발사되는 것 같답니다. 만약 여러분의 다리가 고양이만큼 힘이 세다면, 아마 방바닥에서 집 천장까지 쉽게 뛰어오를 수 있을 거예요. 대신 허벅지 근육이 허리둘레만큼 두꺼워지겠죠!

―수의사 마티 베커(아메리카 패밀리 동물 병원 수의사, 보너스 페리)

머리부터 발끝까지 꼼꼼 체크

매달 고양이의 건강을 꼼꼼하게 체크해서 질병을 예방하세요. 고양이를 자세히 살피면서 끈끈한 유대감도 쌓을 수 있으니 일석이조 아닌가요? 우선 고양이 몸을 세 방향인 옆, 배 쪽, 앞 모습의 윤곽을 종이에 그리는 것부터 시작해요. 그리고 부딪친 자국이나 베인 자국, 발진, 벼룩의 흔적 등을 발견하면 그림에 표시해요.

고양이가 좋아하는 간식(삶은 닭고기 잘게 찢은 걸 고양이들이 정말 좋아해요!)을 한 줌 준비해 놓아요. 고양이의 집중을 방해하는 것이 없는 화장실이나 조용한 침실로 데려간 뒤 문을 닫아요. 고양이를 세면대나 침대에 올려놓고 간식을 줍니다. 그리고 다음 페이지를 넘겨 여러 가지 항목을 직접 확인해 보세요.

다 끝나면 꼭 안아 달라냥, 야옹!

건강 체크 방법

고양이에게서 뭔가를 발견하면 그림에 표시를 하고 부모님께도 알려 드려요. 이렇게 집에서 건강 체크를 하고 나면 꼭 몸에 좋은 간식을 주고 칭찬해 줌으로써 고양이가 이 시간을 기다리도록 만들어 주세요.

머리부터 시작해요. 우선 코를 가볍게 건드려 봐요. 건강한 코는 말라 있거나 살짝 젖어 있어요. 건강하지 못한 코는 많이 건조하거나 비늘처럼 벗겨지거나, 심하면 콧물 범벅이 되어 있어요.

고양이 눈앞에서 간식을 양쪽으로 천천히 움직여 봐요. 고양이가 머리를 잘 움직이는지, 눈이 간식 방향을 잘 따라오는지 확인하는 거예요.(앞발로 간식을 낚아채려 할 수 있으니 조심하세요!)

양쪽 눈동자가 같은 크기인가요? 한쪽 눈동자가 다른 쪽보다 작거나 크면, 건강에 문제가 있다는 신호일 수 있어요.

조심스럽게 귀를 뒤로 젖혀서 귀 안을 들여다보세요. 귀 안쪽은 새빨갛지 않고 예쁜 분홍색이어야 해요. 냄새도 맡아 보세요. 커피 찌꺼기 같은 짙은 갈색 먼지가 있거나 더러운 양말 냄새 같은 게 난다면 귀가 감염되었거나 진드기가 있다는 뜻이에요.

발과 발볼록살도 자세히 봐요. 베인 상처가 없는지, 발톱이 너무 길지는 않은지, 발가락 사이에 진드기가 없는지 관찰합니다.

손으로 머리부터 꼬리까지 천천히 쓰다듬어요. 그리고 손끝으로 피부를 조심스럽게 마사지해 보세요. 고양이가 움찔하거나 손길을 거부하면 근육통이나 관절염이 있을 수도 있어요.

배에 붉은 반점, 발진이 없는지 확인해요. 고양이가 배 만지는 걸 허락한다면 볼록한 혹 같은 게 없는지 조심히 확인하세요. 모든 고양이가 배 만지는 걸 허락하지는 않으니 꼭 안전에 유의하세요.

벼룩 제거용 빗으로 빗겨서 몸에 벼룩이 없는지 확인합니다.(벼룩이 있다면 수의사와 상의하세요.)

조심스럽게 꼬리를 들어 보세요. 항문이 빨갛거나 마른 똥이 붙어 있다면 건강에 문제가 생겼을 수도 있어요.

꼬리에 상처나 혹이 없는지 확인해요. 꼬리에 부상을 당하지 않았는지도 잊지 말고 확인하세요.

쉬, 응가, 토, 헤어볼 관리

고양이가 남겨 놓은 흔적에 늘 관심을 가지고 변화가 생긴 것을 알아챈다면, 건강에 문제가 생겼어도 초기에 대처할 수 있어요.

쉬, 황금빛 액체

수의사들은 종종 고양이의 소변을 두고 황금빛 액체라고 불러요. 그만큼 고양이의 건강 상태에 대한 많은 정보를 주기 때문이죠. 건강한 고양이의 소변은 주황색, 분홍색, 빨간색, 갈색이 아닌 노란색이어야 해요. 냄새도 진하지 않아야 하죠.

고양이가 평소 화장실을 얼마나 자주 가는지, 또 그 양은 어느 정도인지 관찰하세요. 예를 들어 하루에 세 번 소변을 보던 고양이가 한 번만 본다든지, 소변이 뭉친 모래 덩어리가 평소보다 유난히 크다든지 하면 뭔가 잘못된 거예요.

응가 전문가가 되세요

냄새는 고약하지만 정말 중요한 일이랍니다. 화장실 청소를 할 때마다 응가 상태를 확인해야 해요. 건강한 응가는 초콜릿처럼 진한 갈색에 길쭉하게 생겼답니다.

이건 안 돼요!

* 고양이의 응가가 조그맣고 딱딱한 알갱이 형태면 안 돼요. 이건 고양이가 변비에 걸렸다는 뜻이랍니다.

* 물기가 많은 적갈색 진흙 형태면 안 돼요. 고양이가 병에 걸렸다는 뜻이니까요.

* 냄새가 너무 고약하거나 커피 찌꺼기 같은 게 섞여 있으면 안 돼요. 내출혈이 있을 수도 있어요. 당장 동물 병원에 데려가세요!

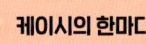

케이시의 한마디

아덴이 내 목숨을 구해 줬다냥

우리 같은 수컷 고양이들은 심각한 요도 폐쇄에 걸릴 수 있어. 그건 소변이 나오는 길이 막혔다는 뜻이거든. 예전에 나도 화장실에서 곤란한 적이 있었어. 소변이 너무 안 나와서 비명을 질렀더니 아덴이 달려와서 화장실을 확인하고는 내 소변에 피가 섞여 있는 걸 발견했지.
아덴은 날 곧바로 응급 동물 병원에 데려갔고 난 거기서 하룻밤을 지냈어. 몸이 나아지자 아덴이 날 데리러 왔지. 수의사는 하루라도 늦었으면 내가 죽었을 수도 있다고 했어.
휴~, 아덴이 빨리 행동해서 천만다행이었지 뭐야!

토와 헤어볼의 차이

고양이는 여러 가지 이유로 토를 해요. 너무 급하게 먹어서 그럴 수도 있고 상하거나 좋지 않은 음식(예를 들면 우유, 76쪽 참조)을 먹었는지도 몰라요. 또는 식물 속 독성분이나 약을 삼켜서 그럴 수도 있어요. 어떤 고양이는 사람처럼 자동차를 탔을 때 멀미를 하기도 해요.

그래요, 토는 물론 역겹죠. 하지만 반려동물 건강 탐정이라면 살펴봐야만 해요. 고양이가 아주 가끔 토를 하고 일상생활을 잘한다면 걱정할 것 없어요. 하지만 하루에 한 번 이상 토를 하고, 힘이 없고, 다른 음식을 거부한다면 안전을 위해 고양이를 꼭 병원에 데려가세요.

헤어볼은 고양이가 토하는 이유 1순위예요. 10마리 중 8마리 고양이는 적어도 한 달에 한 번 헤어볼을 토해 내죠. 보통은 그루밍 때문이에요. 여러분과 달리 고양이는 샤워로 청결을 유지하지 않아요. 대신 스스로 털을 핥으며 꼼꼼하게 그루밍을 하지요. 그루밍을 하면 혀의 미늘이 헐거워진 털을 걷어 내며, 이 털은 그대로 삼켜져요. 대부분의 경우 털은 소화기를 아무 문제없이 지나가 똥과 함께 밖으로 나오죠. 하지만 너무 많은 양의 털은 고양이 위에 모였다가 소화액과 섞여 헤어볼이 돼요. 마침내 이 존재가 불편해지면 고양이는 털 뭉치 쓰레기를 몸 밖으로 토해서 끄집어내요.

케이시의 한마디

헤어볼 안 생기는 비법이 궁금하냥?

난 부드럽고 반들거리는 털이 자랑이야. 게다가 헤어볼을 토해 내는 일도 거의 없지. 내 비결이 궁금하다고? 아덴은 내 빠진 털을 제거하기 위해 규칙적으로 빗질을 해 줘. 그리고 하루 한 번 무첨가 호박 통조림 한 티스푼을 사료에 섞어 식이섬유를 보충해 주지. 맛도 얼마나 좋다고!

헤어볼의 과학적 명칭은 '위 창자 털 덩이'랍니다.

그루밍을 하면 혀의 미늘이 헐거워진 털을 걷어 내며, 이 털은 그대로 삼켜져요.

혀의 미늘은 목구멍 방향 쪽으로 나 있기 때문에 털이 한 번 걸리면 고양이가 그걸 뱉어 내는 건 거의 불가능해요.

병원 가는 게 무섭지 않으려면

대부분의 고양이는 차를 타고 어딘가에 가는 것, 특히 동물 병원에 가는 걸 즐기지 않아요. 많은 고양이들이 대개 이동장, 자동차 타기, 병원 가기를 꺼린답니다. 고양이가 병원에 가는 걸 덜 겁내게 하기 위해 여러분이 할 수 있는 일들이 있어요.

이동장을 안전하고 반가운 장소로 만들어 주세요. 침실이나 거실 한구석처럼 고양이가 시간을 보내고 싶어 하는 곳으로 바꿔 주세요. 이동장 문은 열어 두고, 흥미를 갖고 접근할 수 있도록 간식을 몇 개 넣어 두세요. 고양이가 이동장 안에 들어가면 있고 싶은 만큼 머물 수 있도록 내버려 두고요. 가끔 문은 열어 둔 채로 이동장 안에다 밥을 줘도 좋아요.

이동장에 든 채 이동하는 것에 익숙해지게 해 주세요. 고양이를 이동장에 넣고 차로 데리고 가 차 안의 풍경이나 냄새에 천천히 적응하도록 해 줘요. 그리고 간식을 준 뒤 다시 집으로 데려오는 거예요. 이걸 며칠 동안 몇 차례 반복하고 난 뒤, 부모님께 운전을 부탁해서 집 주변을 잠깐 돌아 봅니다. 잠시 차를 타고 곧바로 집으로 돌아오는 연습을 몇 차례 하고 나면 고양이도 차 타는 걸 훨씬 편안하게 느낄 거예요.

이동장은 조수석 뒤쪽 바닥에 두거나 이동장 손잡이 혹은 이동장 전체에 안전벨트를 둘러 고양이의 안전을 지켜 주세요. 이동장은 절대 조수석에 두면 안 돼요. 혹시 사고가 나서 에어백이 터지면 고양이가 부상을 당할 수 있어요. 또한 고양이를 조수석에 두면 운전자가 운전에 집중하지 못할 수 있어 위험해요.

안정 스프레이를 이용하세요. 페로몬이 함유된 반려동물 스프레이는 고양이를 진정시키는 데 도움을 줘요. 스프레이를 자동차뿐만 아니라 이동장 안에도 뿌리세요. 사람은 이 냄새를 느끼지 못한다고 해요.

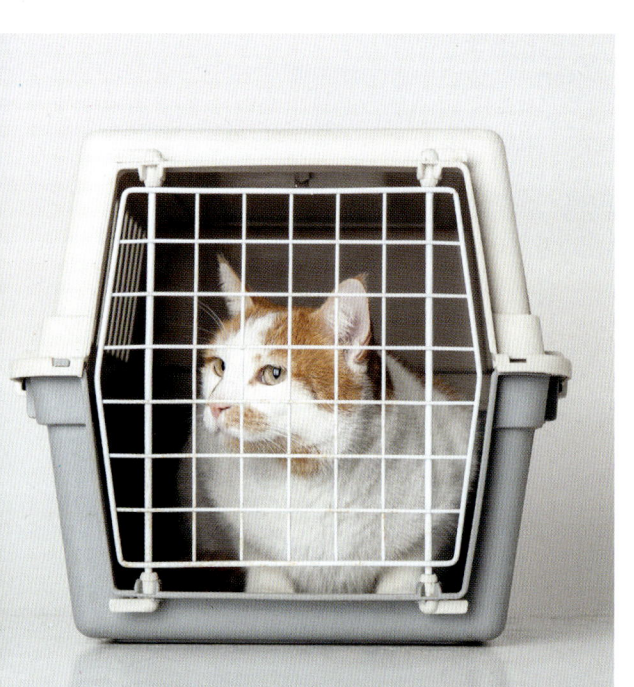

정기 검진은 미리 예약하세요. 그래야 병원에서 오래 기다리지 않으니까요. 또 사람이 많지 않을 때 가야 고양이가 불안해하거나 흥분하는 일을 막을 수 있어요.

기다리는 동안에는 이동장 입구가 여러분을 향하게 하세요. 고양이가 병원 복도에 있는 다른 동물들을 보는 대신 여러분을 쳐다볼 수 있게요. 가능하다면 바닥에서 떨어진 편평한 곳에 이동장을 두는 게 좋아요. 땅바닥보다 높은 곳에 있어야 더 안정감을 느끼거든요.

고양이가 너무 긴장하거나 흥분한다면 혹시 바로 진료실에 들어갈 수 있는지 물어보거나 진료 준비가 될 때까지 차에 있어도 되는지 알아보세요.

차분하고 밝은 목소리로 말해야 고양이를 안심시킬 수 있어요. 고양이는 분위기를 잘 읽기 때문에, 위험한 게 없다는 사실을 여러분 말투로 전달해야 해요. 고양이 입장에서 귀에 거슬리는 하이톤의 목소리는 확신이 없거나 상황 통제가 안 된다는 의미로 받아들일 수 있어요. 아기 말투는 실제로 고양이를 극심한 공포에 몰아넣을 수 있고 스트레스나 불안감을 줄 수 있어요.

고양이의 관심을 다른 데로 돌리기 위해 진료실에 간식을 가지고 들어가도 되는지 물어보세요. 혈액이나 소변 샘플을 채취할 때는 고양이가 스트레스 상황을 견디는 동안 주인은 밖에 나가 있는 게 더 좋을 수도 있어요. 이럴 땐 진료 후에 여러분이 고양이를 충분히 안심시켜 주세요.

즉시 병원에 데려가야 할 때

피가 심하게 나거나, 머리에 심각한 상처를 입었거나, 뼈가 부러졌다면 두말할 것 없이 즉시 병원에 데려가야겠죠. 그리고 다음과 같은 경우에도 즉각 병원에 데리고 가야 해요.

✱ 다리를 절거나 걷지 못할 때

✱ 숨 쉬는 걸 힘들어 할 때

✱ 뱀을 포함한 다른 동물에게 물렸을 때

✱ 깊이 베이거나 찔렸을 때

✱ 부동액, 쥐약, 사람의 약(아스피린은 고양이에게 치명적) 등을 먹었을 때

✱ 의식이 없을 때

✱ 발작할 때

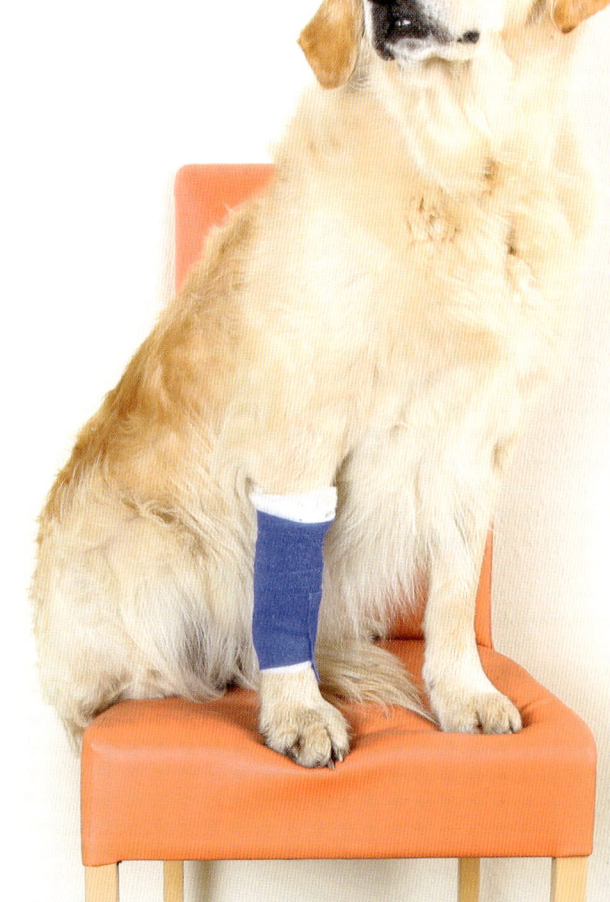

'피어프리 핸들링'

고양이들이 병원에서 몹시 겁을 먹는다는 걸 많은 수의사들이 깨닫고 있어요. 그래서 수의사들은 겁쟁이 고양이의 목덜미를 움켜쥐거나 억지로 행동을 저지하는 대신, 안전하고 부드러운 핸들링 기술로 고양이 환자들을 맞이하며 치료해 주고 있답니다. '피어프리 핸들링'이라고 불리는 이 프로그램은 미국에서 이루어지고 있어요. 동물 병원 진료에 어려움을 겪는 반려동물과 보호자를 위해 미국 FEAR FREE 기관에서 개발한 긍정 강화 프로그램 중 하나예요. 이 핸들링 법에는 가능한 한 긴장한 고양이를 이동장 밖으로 꺼내지 않고 진료하는 방법도 포함되어 있답니다. 이동장 문이 위로 열리는 형식이라면 고양이가 더 안전하다고 느끼는 이동장 안에 그대로 두고 검사를 할 수도 있거든요. 어떤 고양이들은 수건으로 감쌌을 때 안정감을 느끼는 경우도 있어요. 또 진료실 안에서 페로몬 스프레이를 쓰면 긴장감을 줄이는 데 도움이 될 수 있어요.

반려동물 구급상자

집에는 구급상자를 2개 두는 게 좋아요.
하나는 여러분과 가족을 위한 것, 또 하나는 반려동물을 위한 것.

소독용 알코올

응급 처치 테이프
(반창고를 붙이는 용도)

일회용 냉습포
(붓기를 가라앉히는 용도)

항생제 연고
(상처 소독용)

쏘인 상처용 패드
(벌레에게 물리거나 쏘였을 때 치료용)

거즈 패드와 거즈 롤
(베인 상처, 출혈이 있는 상처, 가벼운 화상에 사용)

자가점착식 탄력 붕대
(붙여 놓은 밴드를 발로 떼어 내거나 물어뜯는 것을 방지하는 용도)

가위

반려동물용 항히스타민 젤 (벌레에 물리거나 쏘였을 때 치료용)

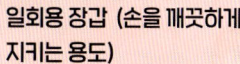
일회용 장갑 (손을 깨끗하게 지키는 용도)

지혈 파우더 (작은 출혈 방지용)

수성 윤활제 (체온계과 함께 사용)

눈 세척용 식염수 (눈에 들어간 것을 씻어 내는 용도)

진드기 제거 도구 (핀셋을 사용하면 안 돼요.)

항문용 체온계

반려동물 발톱깎이

고양이용 입마개 (부상당한 고양이에게 직접 씌우지 말고 부모님께 부탁하세요.)

수건 (싸매기용—118쪽 참조)

137

냥냥상식 퀴즈 정답

Quiz ❶ (27쪽)

1. **거짓** 고양이 눈에는 휘막이라는 막이 있어서 사람보다 어두운 곳에서 더 잘 볼 수 있어요. 하지만 완전히 캄캄한 곳에서는 방향을 찾지 못합니다. 밤에 야간등이 켜져 있는 걸 고양이도 고마워할 거예요.

2. **진실** 성묘의 눈 색깔은 파랑, 초록, 갈색, 노랑 등 다양하죠.

3. **거짓** 동물 병원처럼 무서운 상황에서 스스로를 진정시키기 위해 가르랑거리는 고양이도 있어요. 어미 고양이가 갓 태어난 고양이들에게 젖을 줄 때 가르랑거리기도 해요.

4. **진실** 아주 오래된 품종 중 하나인 '터키시 반'은 터키 남동부 반 호수 출신이에요. 이 고양이들은 물고기 사냥을 위해 물속에 발을 넣고 첨벙거리는 법을 배웠어요. 그래서 지금도 터키시 반은 일반적으로 수영을 좋아한답니다. 어떤 고양이들은 좋아하는 사람과 함께 욕조에 들어가기도 한대요!

Quiz ❷ (89쪽)

1. **D** 고양이 수염에는 기능이 많아요.

2. **C** 눈썹을 민다는 건 애도를 표현하는 방식이에요. 고대 이집트 사람들은 고양이를 매우 사랑했기 때문에 바스테트라는 이름의 고양이 신을 숭배하기도 했어요.

2. **C** 꼬리를 격렬하게 앞뒤로 휘두르는 건 불편하거나 겁이 났으니 물러나라는 경고의 표시예요. 이때는 고양이가 앞발을 휘두르거나 물 수 있어요.

용어 해설

그루밍 '털 손질' 또는 '몸단장'이라는 뜻으로, 고양이가 자신의 몸에 묻은 이물질을 없애기 위해 혀로 온몸을 핥거나 이빨·발톱으로 털을 다듬는 행동을 말한다.

꾹꾹이 앞발로 번갈아가며 뭔가를 눌러 대는 행동. 원래 새끼고양이가 젖이 더 많이 나오게 하려고 어미의 배를 누르는 동작이지만, 다 자란 고양이도 이 동작을 한다. 만족감과 느긋함을 나타내는 행동이다.

눈 천천히 깜박거리기 일명 '고양이 키스', '고양이 눈 키스'라는 이름이 붙여진 동작이다. 고양이가 눈을 천천히 깜빡거리며 신뢰와 애정을 나타내는 행동으로, 고양이가 이 행동을 하면 똑같이 눈을 천천히 깜빡여 답례해 준다.

마카다미아 너트 호주가 원산지인 열대 나무의 열매로, 코코넛과 비슷한 식감을 가진 견과류.

맛봉오리 척추동물이 미각을 느끼는 감각 기관으로, 꽃봉오리 모양을 하고 있다. '미뢰'라고도 하며, 주로 혀의 윗면에 있다.

미늘 물고기의 비늘처럼 작은 조각이 한 방향으로만 움직이게 차곡차곡 겹쳐 있는 것을 말한다.

바스테트 고대 이집트 신화에 등장하는 다산과 풍요의 여신으로, 고양이 모습을 하고 있다.

발볼록살 고양이나 개 등의 동물 발바닥에 털이 없이 맨살이 드러난 부분.

부동액 액체의 어는점을 낮추기 위해 첨가하는 액체로, 겨울철 자동차 엔진이 얼어 터지는 것을 막기 위해 넣는다.

부리토 옥수수 가루나 밀가루로 만든 토르티야에 콩, 소고기, 토마토, 치즈 등을 넣고 돌돌 만 멕시코 음식.

사워크림 생크림을 발효시킨 것으로, 신맛이 나며 과자의 원료로 쓰인다.

설치류 송곳니는 없고 앞니와 앞어금니 사이에 넓은 틈이 있는 동물군으로, 대표적으로는 쥐가 있다.

쇄골 가슴 위쪽 좌우에 있는 한 쌍의 뼈. '빗장뼈'라고도 부른다.

숨숨집 고양이가 숨어서 노는 집 모양의 공간을 말한다.

스크래칭 '발톱 갈기'라고도 하는 고양이의 본능. 발톱을 건강하게 유지하고 시각적·후각적으로 영역 표시의 역할도 한다.

스프레이 벽, 가구, 커튼 같은 수직면에 오줌을 싸는 행위로, 자기 냄새를 풍겨 영역 표시를 한다.

시트로넬라 벼과 식물로, 가늘고 긴 잎을 가지고 있다. 건조시킨 잎의 기름을 추출하여 향수나 해충 방지제로 쓴다.

심폐소생술 심장과 폐의 활동이 멈추어 호흡이 정지되었을 경우 실시하는 응급 처치. 가슴압박과 인공호흡을 한다.

이식증 먹이가 아닌 것을 먹는 행위. 고양이의 경우 직물이나 옷, 담요, 식물, 비닐봉지 등을 주로 먹는다.

채터링 고양이가 사냥감을 발견하여 흥분했을 때 본능적으로 내는 소리. "깍, 깍깍, 까가각" 같은 소리를 내기도 하고 "따닥 따다닥" 하며 소리 없이 입을 벌렸다 닫았다 하기도 한다.

캣그래스 귀리나 밀, 보리 등의 싹을 키워 간식으로 먹게 하는 풀로, 고양이들이 좋아한다. 섬유질 보충으로 고양이가 삼킨 털의 배설을 돕고 변비에도 효과가 있다.

캣닢 고양이가 좋아하는 박하류(민트과)의 풀로, 기분 전환 및 스트레스 해소에 효과가 있다.

파라오 고대 이집트의 최고 통치자.

페디큐어 발과 발톱을 아름답게 다듬고 화장하는 미용술이나 화장품을 말한다.

페로몬 동물, 특히 곤충이 분비해 같은 종의 상대에게 어떤 행동을 일으키게 하는 물질을 말한다. 상대에게 위험을 알리는 경보 페로몬과 이성을 꾀는 성페로몬 따위가 있다.

플리스 양모의 길고 부드러운 털을 곱슬거리게 한 천 또는 이런 느낌을 주려고 솜털로 만든 직물을 말한다.

하네스 반려동물의 어깨와 가슴에 착용하는 줄을 말한다.

하악질 고양이가 경고의 의미로 입을 벌린 채 공기를 내뿜으며 내는 소리. 상대가 이 경고를 듣지 않으면 공격할 것이라는 뜻도 담겨 있다.

하키 두 팀이 스틱을 가지고 공을 상대편 골에 넣어 승부를 겨루는 경기. 필드하키와 아이스하키가 있다.

헤어볼 고양이가 혀로 털을 손질하면서 삼킨 털이 몸속에 쌓여 이룬 단단한 털 뭉치를 가리킨다. 대부분 소화기관을 거쳐 변으로 나오지만, 일부 헤어볼이 오래될 경우 위장에 쌓여서 구토를 하거나 식욕과 기력을 떨어뜨릴 수 있다.

Additional photography by © 101cats/iStock.com, 26 l., 77, 139; © ablokhin/iStock.com, 17, 95; © Africa Studio/stock.adobe.com, 57; © Aksenovko/iStock.com, 130 r.; © Alena Ozerova/stock.adobe.com, 9; © AlexStepanov/iStock.com, 85; © AnatoliYakovenko/iStock.com, 93; © andy_gin/stock.adobe.com, 87; © anna1311/iStock.com, 74 (apples); © AnnaRise/iStock.com, 122; © Annashou/iStock.com, 31 l.; © Antagain/iStock.com, 1; © Arden Moore, 6; © Astrid860/iStock.com, 70; © Andrey Kuzmin/Alamy Stock Photo, 4–5; © BackyardProduction/iStock.com, 123; © baibaz/iStock.com, 74 (avocado, chocolate), 76 t.; © Benjamin Simeneta/stock.adobe.com, 68; © byallasaa/stock.adobe.com, 75; © c-foto/iStock.com, 20; © CHUYN/iStock.com, 31 c.; © cunfek/iStock.com, 60; © cynoclub/iStock.com, 32; © DebbiSmirnoff/iStock.com, 67; © DenisNata/stock.adobe.com, 33; © digihelion/iStock.com, 131 t.; © Dobroslav Hadzhiev/iStock.com, 120, 121; © Ekaterina Kolomeets/stock.adobe.com, 23, 39; © Eric Isselée/stock.adobe.com, 34; © Erik Lam/stock.adobe.com, 37 l.; © Ermolaev Alexandr/stock.adobe.com, 16, 27 t., 38, 89 t., 129; © fotostok_pdv/iStock.com, 61; © GCapture/iStock.com, 15; © GlobalP/iStock.com, 11 c. & r., 71 (cat), 109 (cat); © goodwin_x/stock.adobe.com, 71 (water); © Grigorita Ko/stock.adobe.com, 47; © Happy monkey/stock.adobe.com, 125; © ingusk/stock.adobe.com, 43; © Jane Burton/Getty Images, 69; © jkitan/iStock.com, 2–3; © jptinoco/iStock.com, 117; © Juanmonino/iStock.com, 76 b.; © jumnong/stock.adobe.com, 82 (cat); © Juniors Bildarchiv GmbH/Alamy Stock Photo, 97; © KaeArt/iStock.com, 27 b.; © Katrina Brown/stock.adobe.com, 133; © Khorzhevska/stock.adobe.com, 28, 110 (cat); © Koljambus/iStock.com, 14; © Konstiantyn/stock.adobe.com, 55 b.; © kozorog/iStock.com, 26 r.; © Kurhan/stock.adobe.com, 41; © Life On White.com/Getty Images, 11 l.; © marieclaudelemay/iStock.com, 59; © Mark_KA/iStock.com, 66 (cat); © Mary Swift/stock.adobe.com, 86; © Maryviolet/iStock.com, 30; © master1305/iStock.com, 124 b.; © mayakova/iStock.com, 74 (bananas); © Nils Jacobi/iStock.com, 22; © NitikornIstock/iStock.com, 84; © noreefly/stock.adobe.com, 88; © nuzza11/stock.adobe.com, 24; © Nynke van Holten/iStock.com, 73 b.; © PeopleImages/iStock.com, 42; © perets/iStock.com, 44, 45, 65; © PetrMalyshev/iStock.com, 135; © phanasitti/iStock.com, 78 l.; © pio3/stock.adobe.com, 132; © PK-Photos/iStock.com, 134; © Remains/iStock.com, 12; © RichardUpshur/iStock.com, 83 b.; © Roman Sakhno/stock.adobe.com, 94; © s_derevianko/iStock.com, 21; © schankz/stock.adobe.com, 31 r., 89 b.; © seregraff/stock.adobe.com, 13; © serkucher/stock.adobe.com, 37 r.; © silberkorn73/stock.adobe.com, 96 l.; © Sonsedska/iStock.com, 56; © Stephanie Zieber/stock.adobe.com, 81 (cat); © Syda Productions/stock.adobe.com, 46; © Tetiana Kovalenko/Alamy Stock Photo, 78 r.; © Todorean Gabriel/stock.adobe.com, 131 b.; © Tomwang112/iStock.com, 25; © Uzhursky/stock.adobe.com, 35; © Vera Kuttelvaserova/stock.adobe.com, 53; © Veronika Ryabova/iStock.com, 55 t., 73 t., 83 t., 96 r., 124 t.; © Viorel Sima/stock.adobe.com, 40, 111 (cat); © Viorika/iStock.com, 90 (cat); © vitalssss/iStock.com, 66 (sushi); © Westhoff/iStock.com, 130 l.; © ysbrandcosijn/iStock.com, 64; © Yuriy Afonkin/stock.adobe.com, 36

이 책에서 눈부신 스타성을 밝게 빛내 준 고양이들 무파사, 리키, 루시, 키프에게 감사의 마음을 전해요.

윤영 옮김

서울대학교 미학과를 졸업하고 같은 대학원에서 고고미술사학과를 수료했습니다.
현재 번역 에이전시 엔터스코리아에서 번역가로 활동 중이며, '흰둥이'와 '치로'라는 길고양이를 키우고 있습니다. 옮긴 책으로는 《날개가 바꾼 역사》, 《바퀴가 바꾼 역사》,
《축구 양말을 신은 의자》, 《암호 클럽 11: 전설의 황금 동굴 탐험》,
《그림 그리기는 즐겁죠: 밥 로스의 참 쉬운 그림 수업》,
《The Art of 인크레더블2: 디즈니 픽사 인크레더블2 아트북》 등 다수가 있습니다.

고양이 키우기 가이드북

2021년 07월 09일 1판1쇄 발행
2022년 02월 10일 1판3쇄 발행

글 아덴 무어 | **옮김** 윤영
펴낸이 나춘호 | **펴낸곳** ㈜예림당 | **등록** 제2013-000041호
주소 서울시 성동구 아차산로 153 예림출판문화센터
구매 문의 전화 561-9007 | **팩스** 562-9007
책 내용 문의 전화 3404-9245 | **홈페이지** www.yearim.kr

책임 개발 유인화 / 박승주 | **디자인** 이정애 / 강임희
저작권 영업 문하영 | **제작** 신상덕 / 박경식
마케팅 임상호 / 전훈승 | **홍보 마케팅** 김민경 | **영업 지원** 최순예 / 오혜민

ISBN 978-89-302-7177-6 73490

A KID'S GUIDE TO CATS: HOW TO TRAIN, CARE FOR, AND PLAY AND COMMUNICATE WITH YOUR AMAZING PET! By Arden Moore
Copyright ©2020 by Arden Moore
All rights reserved.
This Korean edition was published by YeaRimDang Publishing Co., Ltd.
In 2021 by arrangement with Storey Publishing through KCC(Korea Copyright Center Inc.), Seoul.

이 책은 ㈜한국저작권센터(KCC)를 통한 저작권자와의 독점 계약으로 ㈜예림당에서 출간되었습니다. 저작권법에 의해 한국 내에서 보호를 받는 저작물이므로 무단 전재와 복제를 금합니다.

어린이제품 안전특별법에 의한 제품 표시사항
제품명 도서 | **제조자명** ㈜예림당 | **제조국명** 대한민국 | **전화번호** 02)566-1004
사용연령 8세 이상 | **주소** 서울시 성동구 아차산로 153 | **제조년월** 발행일 참조
주의! 책을 던지거나 떨어뜨리면 다칠 우려가 있으니 주의하십시오.

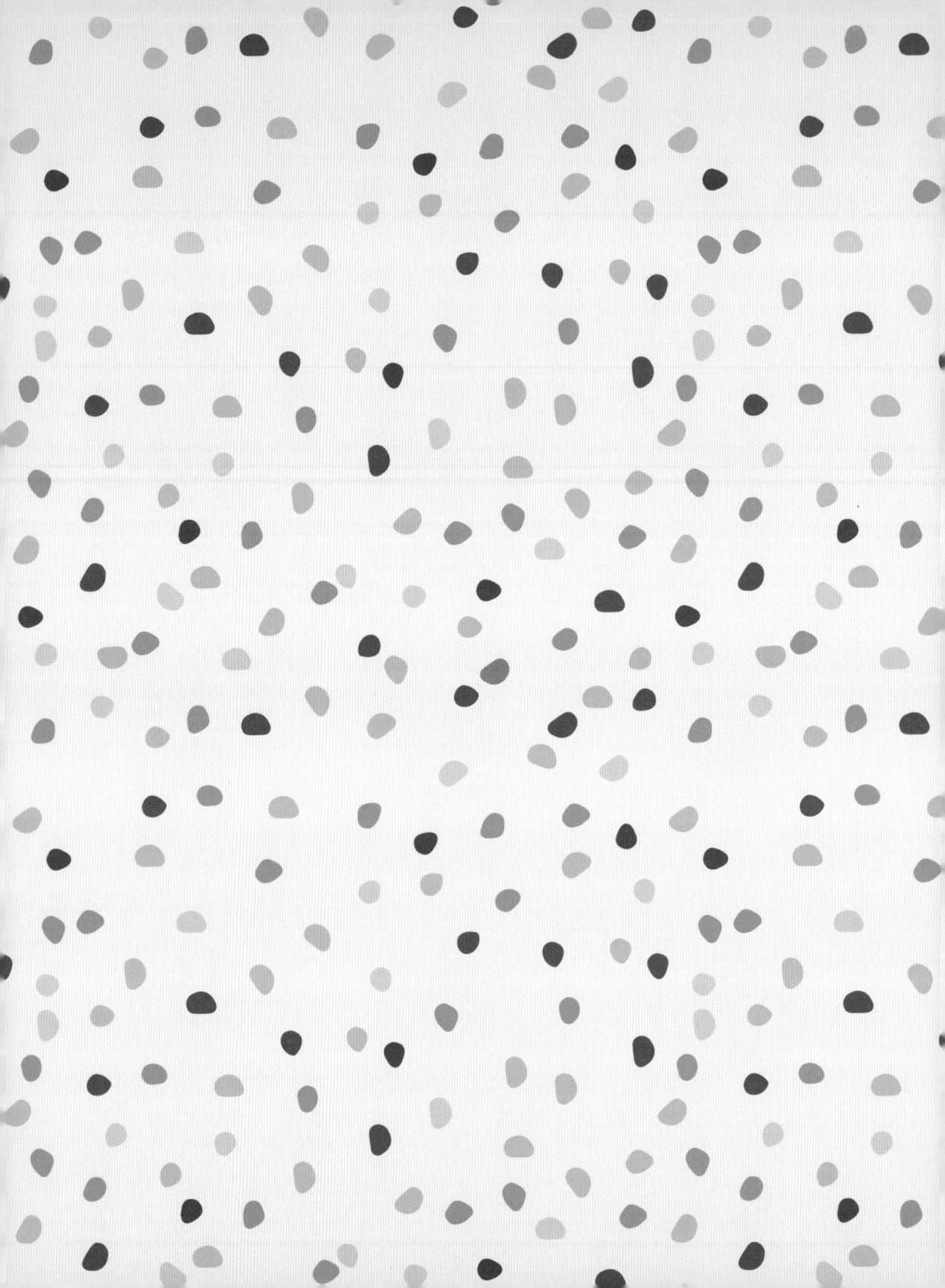